Deborah Meroff

Prólogo de **Jorge Verwer**

SOS:
Sálvalas, oh, Señor

Una GUÍA de acción para AYUDAR a las NIÑAS y las MUJERES que PELIGRAN en TODO el MUNDO

Unilit   Sepa

Publicado por
Unilit
Miami, FL 33172

© 2015 Editorial Unilit (Spanish translation)
Primera edición 2015

© Deborah Meroff
Originalmente publicado en inglés con el título:
*SOS: Save Our Sisters: An Action Guide for Helping Girls
and Women at Risk* por Deborah Meroff.
http://women-across-borders.net
Todos los derechos reservados.

Traducción: *Adriana E. Tessore de Firpi*
Edición: *Nancy Pineda*
Diseño de la cubierta: *Ximena Urra*
Fotografías de la cubierta e interior: © 2014 Stokkete; Chepko Danil
Vitalevich;Prixel Creative; Sergey Furtaev; makeitdouble. Usadas con permiso de
Shutterstock

Todas las páginas web mencionadas aquí son exactas en el momento de la
publicación, pero pueden cambiar en el futuro o dejar de existir.

Producto 495852 • ISBN 0-7899-2181-2 • ISBN 978-0-7899-2181-9

Impreso en Colombia
Printed in Colombia

Categoría: Iglesia y ministerio /Vida de la iglesia /Misiones
Category: Church & Ministry /Church Life /Missions

CONTENIDO

PRÓLOGO

Es un gran privilegio para mí escribir un prólogo para esta guía de acción, que es una versión abreviada de *Verdadera valentía: Mujeres que enfrentan al mundo por amor a Dios*, uno de los libros más importantes en mi vida, en especial en los últimos diez años. También ha sido un gozo regalar decenas de miles de ejemplares en todo el mundo, en cinco idiomas diferentes además del inglés. Fue mi libro del año cuando salió por primera vez, y después mi libro de la década. Los «Proyectos especiales» de OM Internacional financiaron muchas de las traducciones y estamos encantados de tener esta nueva y útil versión.

Quizá te resulte difícil leer mucho de esto a la vez. La realidad de lo que las niñas y las mujeres sufrieron y siguen sufriendo representa algunas de las más graves violaciones de los derechos humanos en nuestro mundo de hoy. Sin embargo, estas páginas también nos animan a ver lo que Dios puede hacer por medio de nosotros.

Es mi oración que no solo leas esta guía oportuna e importante, sino que participes en su distribución. Todos somos personas comisionadas para el ministerio y podemos incrementar nuestro impacto cuando regalamos grandes libros como este. Dios te bendiga mientras haces tu parte.

DR. JORGE VERWER
Fundador y Director Emérito Internacional
OM Internacional

INTRODUCCIÓN

Hace una década, inspirada por una docena de años de observaciones como una periodista internacional, escribí la primera edición de *Verdadera valentía: Mujeres que enfrentan al mundo por amor a Dios.* Tenía la esperanza de que para cuando esta guía SOS revisada y actualizada se publicara, podría informar avances radicales en el statu quo de las niñas y mujeres en todo el mundo. Sin embargo, aunque se han aprobado algunas excelentes medidas de derechos humanos en muchos países, los esfuerzos para implementar estas nuevas leyes han estado lejos de ser adecuados. La trágica realidad es que la violencia, la trata y la discriminación de género en muchos frentes está de veras en aumento para millones de mujeres que viven en el siglo veintiuno.

SOS: Sálvalas, oh, Señor se subtituló de manera intencional: *Una guía de acción para ayudar a las niñas y las mujeres que peligran en todo el mundo.* Este libro lo hace sin las historias de las mujeres de diversas naciones incluidas en *Verdadera valentía*; simplificado, es una referencia desde la A hasta la Z a los asuntos de derechos humanos que más afectan a la mitad de la población mundial. Si bien esta visión de conjunto no es de ninguna manera exhaustiva, debe servir como una guía útil y un estímulo para una mayor investigación.

Mi propósito al escribir este SOS, sin embargo, no es solo el de informar. Es mi ferviente esperanza que los hechos perturbadores movilicen a los lectores a la acción. Para muchos, la más obvia y poderosa primera respuesta será la intercesión, pero a los grupos y a las personas también se les instó a que dieran los «pasos de acción» sugeridos. Cada voz, cada carta de protesta y cada centavo de apoyo son fundamentales si hemos de unirnos en solidaridad contra estos abusos generalizados y efectuar el cambio.

Advertencia: Los apasionados por la oración no solo transforman el mundo, tienen una forma de transformar a las personas por las que oran. A medida que Dios canaliza su preocupación por medio de ti, quizá descubras que respondes de maneras imprevistas. Espero que así sea. Es hora de que todos adoptemos la resolución tan bien expresada por el activista y clérigo Edward Everett Hale:

«Yo soy solo uno, pero soy uno. No puedo hacerlo todo, pero puedo hacer algo [...] y lo que tengo que hacer lo haré por la gracia de Dios».

SOS

DEBORAH MEROFF
http://women-across-borders.net

1

SOS: NOVIAS EN RIESGO

Todos los años se les prende fuego de forma deliberada a veinticinco mil novias en la India, Pakistán, Bangladés y Nepal. Solo en la India, una muerte relacionada con la dote se lleva a cabo casi cada hora[1]. La mayoría de estos asesinatos quedan impunes.

QUEMA DE LA NOVIA

India y Nepal: Aunque el pago de una dote se prohibió de manera legal en la India hace más de cincuenta años, y más recientemente en otras partes del subcontinente, los regalos de matrimonio de la familia de la novia casi siempre se siguen considerando indispensables. Dado que la mujer a menudo se ve como una carga, se espera que pague lo que corresponda. Esto implica que aporte sumas exorbitantes de dinero o bienes (en promedio es el equivalente a cinco veces el ingreso familiar anual). Por lo tanto, no sorprende que las familias indigentes le teman al nacimiento de una niña. Es más, el sistema de la dote es una causa directa del creciente número de bebés niñas asesinadas. (Consulta «SOS: Infanticidio y feticidio femenino»). Algunas adolescentes, sabiendo que sus padres no pueden pagar la dote, se suicidan.

El estatus de la mujer en la casa de su esposo está determinado por la dote que aporte. Puede surgir el conflicto si la familia del esposo decide que la dote acordada con anterioridad no es suficiente. Incluso, pueden llegar a la extorsión y, si la familia de la esposa no puede cumplir con las exigencias, esta corre peligro de abuso, divorcio y hasta de muerte, así el esposo puede casarse de nuevo por otra dote.

Las esposas maltratadas tienen pocas opciones. Muy raras veces sus familias las reciben de nuevo debido al estigma social de acoger a una hija casada. El gobierno ofrece algunos refugios para mujeres maltratadas. La mayoría de los que existen tienen una reputación tan terrible por su trato a las mujeres vulnerables que estas prefieren sufrir los golpes de sus maridos o de sus familiares políticos.

Resulta irónico que las tasas de mortalidad hayan aumentado a medida que la India se hace más próspera. Según registros oficiales, las víctimas mortales han ascendido de 1.912 en 1987 a 8.391 en 2010, lo que indica que se quema una novia cada noventa minutos, según las estadísticas emitidas por la Oficina Nacional de Registro de Delitos en la India. En la mayoría de los casos, el esposo o su familia rocían a la novia con queroseno y le prenden fuego, esperando que parezca un suicidio o un accidente doméstico en la cocina. A otras mujeres las queman con ácido. Las que sobreviven, quedan con cicatrices físicas, mentales y emocionales de por vida. Sin embargo, las estadísticas solo muestran las cifras oficiales. Miles de muertes no se denuncian y es escaso el número de asesinos castigados.

Bangladés: El sistema de dote contradice a la religión y a la ley en este país de mayoría musulmana. En un principio, la familia del novio les pagaba a los padres de la novia: Sin embargo, los pagos de las dotes de la familia de la novia se exigen a tal grado entre ricos y pobres (a pesar de una Ley de Prohibición de la dote en 1980) que muchas familias pobres no pueden casar a sus hijas. En el año 2010, se aprobó una ley de violencia doméstica, pero no parece que cambien las cosas. Los registros policiales acusan 7.079 casos de violencia por dote en 2011 y 4.563 en los primeros nueve meses de 2012[2].

Pakistán: La quema de las novias también se ha impuesto en Pakistán. Según informa la Asociación de Mujeres Progresistas del país, las muertes violentas por esta práctica es de al menos trescientas mujeres cada año, casi siempre a manos del esposo o de la familia política. Una vez más, se le comunica a la policía que la víctima murió al explotar la cocina y no se inician acciones legales. Si bien en Pakistán el divorcio está permitido, algunas familias deciden deshacerse de las esposas indeseadas al asesinarlas.

«ESPOSAS DEL CORÁN»

Llegó el día de su boda. Los amigos y familiares de la joven futura novia la preparan para la ceremonia con baños, una esmerada vestimenta de la seda más fina y joyas. Se dedican varias horas más al complicado arreglo del cabello y el maquillaje. Por último, la llevan al altar y se procede con la ceremonia. Ella apoya la mano sobre el libro sagrado del islamismo y repite sus votos. Ahora es una mujer casada.

Excepto que no hay esposo.

Sus padres siguieron una antigua y no poco común tradición aceptada en las zonas rurales de Pakistán por las prominentes familias de Sind (*Sayyid*) y algunas zonas del Punyab[3]. Las hijas solo pueden casarse dentro de la familia, a menudo con primos hermanos, a fin de mantener intactas la pureza del linaje familiar y la riqueza. Entonces, si se acaban los candidatos disponibles, pueden casar a las hijas con el Corán. Tales matrimonios son mal vistos por la corriente principal del islamismo, por lo que se hacen en secreto; incluso la mayoría de los pakistaníes desconocen esta extraña práctica.

Las niñas participantes suelen tener entre diez y quince años, pero la ceremonia las ata de por vida. Luego, esta «esposa» queda recluida y se le prohíbe el contacto con todo hombre mayor de catorce años, incluso de su familia cercana. En algunos casos, tampoco pueden ver hombres en la televisión.

Estas esposas sin maridos tratan de llenar las largas horas de tedio estudiando el Corán. No es de extrañar que algunas (se estima que son alrededor de tres mil), terminan enloqueciendo.

En el libro *Por qué no soy musulmán*, el autor Ibn Warraq cita a una mujer relegada a este destino: «Desearía haber nacido cuando los árabes quemaban vivas a sus hijas. Hasta eso habría sido mejor que esta tortura».

VENTA DE ESPOSAS

La política china de «un hijo», que alienta la elección de los niños sobre las niñas, ha dado lugar a una muy desequilibrada proporción entre hombres y mujeres. Millones de hombres en condición de casarse no pueden hallar esposa. Bandas de delincuentes y agencias matrimoniales (en esencia, traficantes de esclavos) recorren las zonas rurales secuestrando y comprando mujeres y niñas para ofrecerlas a maridos potenciales. Otras mujeres cooperan con las agencias matrimoniales con la esperanza de salvar a su familia del hambre. Las autoridades chinas han liberado un promedio de ocho mil niñas y mujeres secuestradas al año desde 1990. Sin embargo, los secuestros continúan creciendo como una industria multimillonaria en dólares[4].

Desde Birmania y otros países cercanos, se trafican miles de mujeres jóvenes *hacia* China para casarse con extranjeros. Las novias contrabandeadas pueden venderse entre cuatro mil quinientos y siete mil quinientos dólares. El Ministerio de Seguridad Pública de China afirma haber rescatado y repatriado a mil doscientas ochenta y una mujeres extranjeras raptadas en 2012.

Otros países están involucrados también en el comercio matrimonial. A través de la frontera, se envían niñas birmanas para casarlas con hombres de Tailandia, Malasia y Singapur. Las niñas vietnamitas son comúnmente víctimas de la trata a Taiwán, Corea del Sur y Singapur.

NOVIAS POR CORREO

Si se busca *«novias por correo»* en internet, se obtendrán miles de resultados de sitios que ofrecen novias por correspondencia. Sin dudas, se trata de una industria muy rentable. Algunos de los agentes se especializan por nacionalidades, como rusas, japonesas, africanas o latinas. Otros cuentan con un «depósito» de mujeres disponibles. Los clientes de gran categoría en la escala pueden contratar viajes a diversos países y traer de allí una esposa. Si bien hay casos que lograron formar parejas felices de esta manera, varios miles de mujeres acabaron atrapadas en relaciones violentas y abusivas. Las investigaciones han demostrado que varios hombres que buscan novia por correo tienen antecedentes penales o un historial de abuso doméstico. Si la esposa maltratada se atreve a quejarse, el esposo la amenaza con la deportación. Con frecuencia ellas tienen dificultades con el idioma o no tienen a quién recurrir. Aunque esta industria no puede denominarse «trata» porque se hace con consentimiento, carece de regulaciones y produce un creciente número de víctimas en todo el mundo.

Legislación protectora

La Ley de Regulación de los Agentes de Migración de **Australia** (MARA, por sus siglas en inglés) exige que las posibles novias pasen por control sanitario y penal. El control de los antecedentes penales de los proponentes masculinos solo se hace a discreción del gobierno y los resultados no se informan a la futura esposa que pudiera estar en peligro. **Canadá** tiene una ley similar, pero exige el control del proponente masculino y rechaza la solicitud si este cuenta con antecedentes penales en los últimos cinco años. A la futura novia, que puede tener apenas dieciséis años, no se le informa el motivo de rechazo de la solicitud.

Nueva Zelanda y el **Reino Unido** tienen leyes de inmigración similares a las de Canadá, pero exigen que la novia tenga al menos dieciocho y veintiún años respectivamente. El gobierno de **Estados Unidos** aprobó una ley de regulación de agencias matrimoniales internacionales en 2005 que señala en específico cómo informarles por correo a las futuras novias sobre los antecedentes penales del solicitante. La ley surgió ante la preocupación de que agentes matrimoniales inescrupulosos estuvieran llevando sin consentimiento a las jóvenes a otro país y terminaran como sirvientas o esclavas sexuales. El incumplimiento de esta ley está penalizado con multas y prisión[4].

MATRIMONIOS TEMPORALES

A los seguidores chiitas del islamismo (cuya mayoría vive en **Irán**) se les permite una exclusiva forma de matrimonio que puede durar desde unos minutos a noventa y nueve años. En la mayoría de los casos, el arreglo *«nikah mut'ah»* no es más que prostitución legalizada. Un hombre y una mujer firman un contrato para estar juntos por un determinado tiempo. Por lo general, el hombre accede a otorgar algún beneficio económico. Luego, un clérigo registra y autoriza dicho contrato. Los hombres pueden tomar tantas esposas temporales como deseen y finalizar el acuerdo cuando quieran. Sin embargo, la mujer no puede cancelar el acuerdo y solo puede tener un marido a la vez, a fin de poder establecer la paternidad en caso de que quede embarazada. El niño que nazca de tal unión lo criarán el hombre y su esposa permanente.

Aunque esta práctica está prohibida entre los musulmanes sunitas, cuenta con la aprobación religiosa oficial entre los chiitas y no se considera pecado. Nadie debe sentir cargo de conciencia. Los matrimonios temporales son bastante comunes en Irán y hasta se aconseja entre los jóvenes para sus urgencias sexuales hasta el momento en que estén listos para un matrimonio permanente. También existen en Arabia Saudí y en Egipto, y se están volviendo cada vez más populares entre las comunidades musulmanas de occidente.

Los clérigos que apoyan los matrimonios temporales dicen que les ofrecen a las mujeres libertad sexual y económica. Las familias pobres, en cambio, solo acceden a tales enlaces por la pobreza y no por elección, entre las que se cuentan miles de viudas de Irak e Irán. Aunque les avergüenza, aceptan el acuerdo como único medio de supervivencia.

PASOS A SEGUIR

❏ En todos los países se necesita contar con más legislación específica, ya sea que se envíen o reciban solicitudes de novias por correo (internet), a fin de reducir la posibilidad de abuso y explotación. Escribe a los legisladores de tu país y aliéntalos a que incluyan o mejoren tales medidas.

❏ El infanticidio femenino y el feminicidio seguirán produciendo escasez de mujeres casamenteras en algunas regiones y esto, a su vez, impulsará la industria de la trata. Sé consciente del origen de la trata y únete a los esfuerzos de grupos que ejercen presiones, como los que aparecen en «Infanticidio femenino» del apéndice 2, al firmar demandas y escribiendo cartas.

«Fíjense ustedes, los que pasan por el camino:
¿Acaso no les importa?»
LAMENTACIONES 1:12

Notas
1. http://timesofindia.indiatimes.com/india/Dowry-death-One-bride-burnt-every-hour/articleshow/11644691.cms
2. http://www.ipsnews.net/2012/10/violence-against-women-persist-in-bangladesh/
3. http://vaticaninsider.lastampa.it/en/world-news/detail/articolo/pakistan-pakistan-paquistan-26873/
4. http://85.21.179.94/publications/interns/IOM%20Report%20Heggs%20Russian%20Mail-Order%20Brides.pdf

SOS: TRABAJO INFANTIL

A doscientos quince millones de niños del mundo, como mínimo, se les obliga a trabajar de manera ilegal para vivir, y casi la mitad de ellos están sujetos a condiciones de riesgo. Existen ciento cincuenta y dos millones de trabajadores entre cinco a catorce años de edad. El Índice de Trabajo Infantil y el mapa[1] muestran que hay sesenta y ocho países con «riesgo extremo» para los niños, de los cuales Bangladés, China, India, Nigeria y Pakistán están a la cabeza con los abusos más generalizados del trabajo infantil.

La mayoría de los niños, alrededor de sesenta millones, trabaja en el sector de la agricultura y uno de cada cinco percibe un salario. Otros catorce millones están en la industria manufacturera, muchos de los cuales trabajan en pequeños talleres, industrias caseras y hornos de ladrillos. La pobreza está vinculada de forma directa al trabajo infantil: La Organización Internacional del Trabajo (OIT) informa que el índice de participación de la fuerza laboral de los niños entre diez y catorce años es del treinta al sesenta por ciento en los países con un ingreso per cápita de quinientos dólares o menos. También estima que a unos cinco millones setecientos mil millones de niños se les obliga a trabajar en condiciones de servidumbre, a fin de pagar los préstamos que solicitaron sus familias para las necesidades básicas.

En algunas zonas, se busca a las niñas pequeñas en particular debido a que les pueden pagar menos que a nadie. El servicio doméstico es el más amplio y oculto empleo de niñas en todo el mundo. Además, es uno de los sectores más peligrosos porque están expuestas al abuso físico. Muchas niñas trabajan doce horas al día los siete días de la semana por una fracción del salario mínimo.

ÁFRICA

El África subsahariana tiene la más alta incidencia de trabajo infantil; a decir verdad, en los últimos años se ha incrementado la cantidad de niños que trabaja a uno de cada cuatro niños de entre cinco y diecisiete años. En toda África, alrededor de dos de cada cinco niños obtienen algún tipo de ingreso.

❑ **Las «pequeñas criadas» de Marruecos:** Aunque la práctica es ilegal en teoría, cada año se envían desde las zonas rurales alrededor de veintitrés mil niñitas solo a Casablanca para trabajar como sirvientas en casas particulares. La OIT estima que existe un total de cincuenta mil niñas en servicio en todo Marruecos, algunas de apenas cinco o seis años de edad. A menudo, estas pequeñas son blanco del abuso, haciéndolas trabajar de trece a quince horas diarias, los siete días de la semana; durmiendo en el piso y alimentándose solo de sobras. Incluso, a muchas las obligan a trabajar cuando están enfermas. A algunas niñas las encadenan cuando sus empleadores salen durante el fin de semana. A otras las matan de hambre, las queman con hierros calientes o las violan y las arrojan a la calle si quedan embarazadas. El escaso dinero que ganan va directo a sus padres. Si bien en el año 2009 se formó una cooperativa para erradicar a las «pequeñas criadas» y enviar a las niñas menores de quince años a la escuela, esta práctica todavía está muy difundida[2].

❑ **Malí:** Se estima que entre veinte mil y cuarenta mil niños de tan solo seis años de edad involucrados en la excavación de pozos para la extracción artesanal de oro, trabajando en túneles, arrastrando rocas y usando químicos tóxicos como el mercurio para separar el oro y el mineral. La mayoría trabaja un promedio de más de nueve horas diarias, seis días a la semana, con poca o ninguna remuneración[3].

❑ **África occidental:** A los niños de tan solo tres años de edad los explotan como trabajadores domésticos y agrícolas en varios países. Alrededor de dos millones de niños cultivan cacao, muchos de los cuales son víctimas de la trata para tal propósito. Algunos padres venden a sus hijos a los estados árabes del Golfo, Líbano y Europa. Otros niños, muchos de ellos huérfanos, se sienten atraídos por los traficantes que les prometen una educación de calidad y una formación vocacional en el extranjero. En su lugar, los tratan como tácitos esclavos. La mayoría soporta palizas y abuso psicológico, incluyendo las amenazas de muerte y advertencias de que nunca verán a sus padres de nuevo. Las niñas que escapan duermen en la calle, llaman a las puertas de las iglesias o aceptan invitaciones a las casas de extraños. A algunas las empujan a la prostitución y se convierten en víctimas del sida[4].

❑ **Costa de Marfil:** Este país provee el cuarenta por ciento del chocolate del mundo. La UNICEF estima que cerca de medio millón de niños de entre diez y catorce años, la mayoría de países vecinos como Malí y Togo, los venden a las plantaciones de cacao. Reducidos a la esclavitud por largas horas, no les pagan, reciben poco alimento y los golpean si intentan escapar[5].

SOS

PASOS A SEGUIR

❑ Participa en la «Campaña del Cacao» del Foro Internacional de Derechos Laborales, a fin de luchar en contra del trabajo forzado de los niños en la industria multimillonaria del cacao. www.laborrights.org/stop-child-labor/cocoa-campaign

❑ **Malaui:** Este país tiene el índice más alto de niños trabajadores del sur de África, según FAFO (Instituto de Ciencias Sociales Aplicadas). Un impactante setenta y ocho por ciento de niños de diez a catorce años de edad y un cincuenta y cinco por ciento de entre siete y nueve años (unos setenta y ocho mil) trabajan a tiempo parcial o a tiempo completo con sus padres en los campos de tabaco hasta doce horas diarias. Muchos padecen síntomas graves debido a que absorben demasiada nicotina al carecer de la vestimenta protectora adecuada[6].

SUR DE ASIA

A pesar de las leyes que prohíben la práctica, el trabajo infantil está muy extendido en la industria de alfombras hechas a mano del sur de Asia. A unos doscientos cincuenta mil niños de entre cuatro y catorce años los secuestraron o vendieron, y los obligan a trabajar hasta dieciocho horas diarias para tejer alfombras destinadas a los mercados de exportación en Europa y los Estados Unidos.

SOS

PASOS A SEGUIR

❑ Cuando adquieras una nueva alfombra, busca la etiqueta de *GoodWeave International,* una organización no gubernamental que trabaja para ponerle fin al trabajo infantil en la industria de las alfombras hechas a mano y brindarles oportunidades de educación a los niños del sur de Asia. Apoya a los vendedores de los productos con la etiqueta de *GoodWeave*[7].

❑ **Bangladés:** Según la UNICEF, casi un tercio de la fuerza laboral de este país es de niños. Alrededor de cuatro millones setecientos mil niños tienen entre cinco a catorce años de edad y un millón trescientos mil trabajan bajo condiciones peligrosas[8]. Una investigación reveló que el setenta por ciento de las niñas en servicio doméstico en Bangladés experimentó abuso físico y sistemáticas golpizas[9]. La noticia de un gran incendio en una fábrica de prendas de vestir cerca de Daca, donde murieron más de mil cien trabajadores, inundó los titulares del mundo en 2013. Más de tres millones de bangladesíes trabajan en la industria del vestido y el noventa por ciento de estos obreros son mujeres y niñas.

❑ **India:** Hogar de una quinta parte de la población mundial de niños, esta nación ostenta también la mayor fuerza laboral infantil. Dado que requieren solo una parte del salario de un adulto, los niños representan un papel significativo en la fabricación de bidis [pequeños cigarrillos], cerillas, joyas, alfombras y prendas de algodón, en las tareas domésticas, canteras, minería y agricultura. Alrededor de cuatrocientos mil trabajan en los campos de algodón de la India. Agencias confiables estiman que trabajan entre doce y cincuenta millones de niños menores de catorce años. Y aunque la servidumbre por deudas se abolió de manera oficial en 1975, al menos quince millones de niños siguen «atados» a los acreedores por las deudas familiares. Estos obreros son los más explotados y maltratados. Muchos niños se enferman debido a las condiciones perjudiciales o a la exposición a químicos. La incapacidad de pago y los altos intereses hacen casi imposible el pago de los préstamos[10]. Aunque se aprobó una nueva legislación, como la Ley (Prohibición) del Trabajo del Niño y el Adolescente, su eficacia dependerá del nivel de ejecución.

«Mi hermana tiene diez años de edad. Cada mañana a las siete, se va con el hombre que la hace trabajar como una esclava y regresa a las nueve de la noche. La trata mal; la golpea si cree que trabaja lento o si conversa con los otros niños; le grita y viene a buscarla si está enferma y no puede ir a trabajar [...] No me interesa la escuela ni jugar. No me interesa ninguna de esas cosas. Todo lo que quiero es traer a mi hermana de regreso a casa. Con seiscientas rupias podría hacerlo. Esa es nuestra única opción para recuperarla. No tenemos las seiscientas rupias [...] jamás las tendremos»[11]. Lakshmi, nueve años de edad que lía cigarrillos en Tamil Nadu, India. En esa época, el equivalente a seiscientas rupias era de unos diecisiete dólares con cincuenta centavos.

❏ **Pakistán:** Aunque la última encuesta del gobierno en 1996 indicó que había tres millones trescientos mil niños trabajadores entre cinco y catorce años de edad, la UNICEF estima que hoy la cifra más precisa sería de al menos diez millones (de los cuales ocho millones tienen menos de quince años). La mayor parte corresponde a la servidumbre por deudas. A pesar de que el trabajo en servidumbre es un hecho punible desde 1992, a pocos empleadores los persiguen por no respetar la ley.

❏ **Afganistán:** Según la UNICEF, la pobreza obliga a trabajar a uno de cada tres niños en edad escolar. Alrededor de la mitad de la fuerza laboral en los hornos de ladrillos de Afganistán son menores de catorce años.

ASIA ORIENTAL Y EL PACÍFICO

La mayor cantidad de niños trabajadores (ciento trece millones seiscientos mil) vive en el área del Asia-Pacífico.

Lo típico es que el «proxeneta» les prometa a los padres indigentes que les darán a sus hijos un buen empleo y educación en la ciudad. A otros niños los raptan para trabajar en fábricas o talleres clandestinos. La mayoría no recibe ninguna paga y los confinan a vivir en condiciones infrahumanas, los castigan con palos y barras de hierro, y no se les permite ver a sus padres. Se han descubierto niños con marcas de hierro candente, quemados con cigarrillos, muertos de hambre, azotados, golpeados mientras pendían cabeza abajo, encadenados, maltratados de una manera íntima y encerrados en armarios durante varios días seguidos[12].

❏ **Camboya:** Más de la mitad de la población infantil entre siete y quince años son parte de la fuerza laboral. Aunque existe una legislación de protección, es débil y muchas veces se pasa por alto.

❏ **Filipinas:** Según un informe de 2011 por la Organización Internacional del Trabajo, seis millones y medio de niños van a trabajar en este país. Nada más y nada menos que tres millones están expuestos a medios considerados peligrosos por más de dieciséis horas al día. A estos pequeños obreros, algunos menores de siete años, los obligan a mantener a su familia trabajando en el campo, las minas, la pesca, las fábricas, el servicio doméstico y el turismo sexual[13].

❑ **Indonesia:** Alrededor de seiscientos noventa mil niñas menores de edad las emplean en el servicio doméstico, a menudo se ven obligadas a trabajar dieciocho horas al día, en algunos casos solo reciben seis centavos por hora o ninguna paga y sin día libre. En el peor de los casos, las niñas son víctimas de abuso físico, psicológico y sexual. [Informe del *Human Rights Watch,* 2009].

❑ **Australia:** Nueva Gales del Sur no tiene edad mínima para trabajar y el empleo de menores solo lo regulan algunas industrias. La campaña *Fair Wear* estima que entre el cincuenta y el setenta por ciento de la ropa hecha en Australia es, a menudo, por subcontratación de mujeres inmigrantes y sus hijos que trabajan en su casa o en talleres clandestinos en los suburbios de las ciudades australianas. Decenas de miles lo hacen en malas condiciones por muy poca paga y expuestos a peligros que conducen a lesiones graves y muertes cada año.

EUROPA, ASIA CENTRAL, ORIENTE MEDIO

❑ Los niños **romaníes** (gitanos) son vulnerables en particular a trabajos forzados en muchas zonas de Europa, puesto que el ochenta por ciento vive en la pobreza. A miles de niñas y niños **romaníes de Albania**, por ejemplo, los envían a **Italia** y **Grecia**, a fin de ganar dinero para sus «amos» adultos al mendigar y limpiar zapatos o ventanillas de autos. [Consulta también «SOS: Trata de niñas y mujeres»].

❑ En el **Asia Central y el Cáucaso,** muchos niños de las calles son víctimas de las peores formas de trabajo. Con frecuencia, a los niños de zonas rurales los envían a las zonas urbanas y otros países con fines de explotación. La mano de obra migrante es también muy común. La *Human Rights Watch* ha documentado el trabajo ilegal en niños de hasta diez años en los campos de tabaco de **Kazajistán.** Junto a sus padres, se enfrentan a violaciones de salarios, servidumbre por deudas, excesiva jornada laboral, exposición a pesticidas y falta de agua potable. La coalición *Cotton Campaign* [http://www.cottoncampaign.org] con otros defensores de los derechos humanos ha atraído mucho la atención sobre el uso que **Uzbekistán** hace de más de un millón de adultos y niños que obliga a trabajar en sus campos de algodón.

❑ **Irak:** Casi uno de cada tres de los quince millones de niños de este país ha perdido a un padre por la guerra. Setecientos mil no asisten a la escuela primaria y unos ochocientos mil de 5 a 14 años de edad trabajan.

AMÉRICA CENTRAL Y
AMÉRICA DEL SUR

El siete por ciento de los niños entre cinco y catorce años de edad que trabaja en el mundo vive en América Latina. Uno de cada seis niños percibe un salario. A más de dos millones los explotan sexualmente al incrementarse el turismo sexual en América Central.

Guatemala tiene la más alta incidencia de niños trabajadores en América Latina. La edad mínima para trabajar es catorce años, pero muchos por debajo de esa edad se cuentan entre el millón de niños de los que depende el ingreso familiar.

❑ **MINERÍA:** Por lo general, a los niños los emplean en el oro, la plata y otras operaciones mineras en América Latina. La exposición a toxinas y condiciones peligrosas a menudo conduce a trastornos en la piel y pulmonares, así como causan daño a los huesos y los órganos en crecimiento. Solo en Bolivia, Ecuador y Perú están involucrados hasta unos sesenta y cinco mil niños.

❑ **PLANTACIONES DE PLÁTANO:** A pesar del avance logrado en la reducción de cientos de miles de niños que trabajaban en las plantaciones de plátano, el problema persiste aún, sobre todo en Ecuador que es el mayor exportador. Además de no ir a la escuela, estos niños trabajan hasta doce horas diarias y están expuestos a pesticidas y a accidentes con cuchillos.

PASOS A SEGUIR

❑ Obtén más información sobre la labor de BananaLink.org.uk en favor de los trabajadores en las plantaciones de plátano y piña.

AMÉRICA DEL NORTE

❑ **Canadá:** En la Columbia Británica, un niño puede trabajar a los doce años en cualquier lado excepto minas, tabernas, bares y salones públicos, y trabajan a cualquier hora del día o de la noche, excepto durante el horario escolar. En realidad, la provincia disminuyó la edad laboral a los doce en 2003; desde entonces, hubo un diez por ciento de aumento en las demandas por lesiones[14]. Una campaña ha estado en marcha durante varios años para eliminar las irresponsables leyes del trabajo infantil en la Columbia Británica.

❑ **Estados Unidos:** Ochocientos mil niños migrantes viajan con sus familias a todas partes de los Estados Unidos para trabajar en la agricultura industrial. Sin embargo, con tan solo siete u ocho años de edad, trabajan duro entre doce y dieciséis horas diarias y pierden meses de clases. Los expertos estiman que alrededor del sesenta y cinco por ciento termina abandonando la escuela. Las condiciones de vida suelen ser de pobreza y la exposición a pesticidas puede producir irritaciones en la piel y problemas respiratorios.

Además de los nacidos en Estados Unidos, los contrabandistas profesionales traen de forma ilegal a los Estados Unidos a muchos otros niños procedentes de otros países. En 2010, las autoridades de inmigración detuvieron a más de ocho mil niños inmigrantes solos.

El Departamento de Justicia de Estados Unidos estima que entre cien mil y tres millones de niños son víctimas de la explotación sexual a cambio de dinero, drogas, alimentos o refugio.

Hasta el año 2013, los Estados Unidos y Somalia eran los únicos países miembros de la ONU que no habían ratificado aún la Convención sobre los Derechos del Niño (CDN), que se aprobara en 1989. La CDN tiene cuatro aspectos clave: el derecho de los niños a la supervivencia; a desarrollar su pleno potencial; a la protección del abuso, el abandono y la explotación; y a participar en la vida familiar, cultural y social.

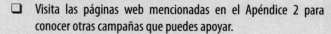

PASOS A SEGUIR

❑ Visita las páginas web mencionadas en el Apéndice 2 para conocer otras campañas que puedes apoyar.

❑ Logra que los niños y las familias que conoces celebren cada año el «Día Mundial contra el Trabajo Infantil» el 12 de junio, a fin de hacer notar la difícil situación de los niños explotados.

«Levántate y clama por las noches [...] Deja correr el llanto de tu corazón como ofrenda derramada ante el SEÑOR. Eleva tus manos a Dios en oración por la vida de tus hijos, que desfallecen de hambre y quedan tendidos por las calles».

LAMENTACIONES 2:19

Notas

1. http://maplecroft.com/about/news/child-labor-index.html
2. http://www.alarabiya.net/articles/2012/05/29/217283.html; http://www.moroccoworldnews.com/2013/01/75104/child-housemaids-in-morocco-as-unstoppable-as-the-wind-4/
3. http://educationenvoy.org/child_labor_and_education_US.pdf
4. http://thecnnfreedomproject.blogs.cnn.com/2012/01/19/child-slavery-and-chocolate- all-too-easy-to-find/
5. http://www.laborrights.org/stop-child-labor/tobacco-campaign
6. http://www.goodweave.org/about/rug_certification_label
7. http://www.unicef.org/bangladesh/Child_labour.pdf
8. http://educationenvoy.org/child_labor_and_education_US.pdf
9. http://www.dalitfreedom.org.au/trafficking/bonded-labour.html
10. http://www.hrw.org/reports/1996/India3.htm
11. http://www.assistnews.net/Stories/2012/s12020032.htm
12. http://www.anti-slaverysociety.addr.com/slaverysasia.htm
13. http://www.childfund.org/child-labor-in-the-philippines/
14. http://www.theglobeandmail.com/commentary/bcs-child-labour-laws-are-the-most-neglectful-in-the-world/article627018/

3

SOS: MATRIMONIOS DE NIÑAS

Todos los días, a unas veinticinco mil niñas las obligan a casarse. En los países en desarrollo, una de cada siete niñas contrae matrimonio antes de los quince años. Más de sesenta millones de niñas en el mundo se casan antes de los dieciocho años.

En países como Níger, Chad, Malí, Bangladés, Guinea y la República Centroafricana, la tasa de matrimonios tempranos y forzosos es mayor al sesenta por ciento. Las novias niñas también son comunes en el sudeste asiático (cuarenta y seis por ciento) y en África subsahariana (treinta y ocho por ciento)[1]. Sin embargo, también en los países occidentales obligan a las niñas a contraer matrimonio.

¿Por qué se producen los matrimonios obligados en menores de edad?

La organización benéfica mundial infantil llamada *Plan* dice que los padres se ven obligados a casar a sus niñas sin su consentimiento debido en gran medida a la pobreza, la desigualdad de género, las prácticas tradicionales o religiosas negativas, el fracaso en hacer cumplir las leyes y las situaciones de emergencia o de conflictos[2]. Según la organización Acabar con la Prostitución Infantil, la Pornografía Infantil y el Tráfico de Niños con fines Sexuales (ECPAT, por sus siglas en inglés), los matrimonios de niñas pueden ser también una forma encubierta de turismo sexual, sobre todo en el Oriente Medio y el Sudeste Asiático. Un hombre viaja a otro país y se casa con una niña a cambio de dinero y otros beneficios para los padres. Al cabo de una semana, regresa a su hogar sin volver a tener contacto con la niña ni con la familia. En otros casos, el turista se casa o promete casarse con una menor de edad que se lleva a su país. Entonces, usa la víctima para la explotación sexual mientras es joven y depende por completo de él[3].

¿Cuáles son las consecuencias?

Por lo general, obligan a las jóvenes novias a que dejen la escuela, lo cual contribuye al analfabetismo y la ignorancia. Asimismo, son también más vulnerables a experimentar relaciones sexuales forzadas y violencia a manos de sus esposos mayores. Esto puede resultar en una mala salud reproductiva.

Principales causas de mortalidad materna

Las menores de edad no están físicamente preparadas para dar a luz. Según la Organización Mundial de la Salud, las muertes relacionadas con el embarazo son la principal causa de muerte en las niñas de quince a diecinueve años de edad. Un estimado de setenta mil niñas menores de quince años mueren cada año debido a complicaciones durante el embarazo o el parto, una tasa de mortalidad veinticinco veces más alta de lo normal. La tasa de mortalidad es dos veces más alta para las niñas de quince a diecinueve años. Los abortos espontáneos, los partos de niños muertos y las complicaciones como las fístulas son también mucho más probables.

EN EL MUNDO MUSULMÁN

En muchas partes del mundo musulmán, incluso en Europa y las Américas, no es raro que las niñas tan pequeñas como de nueve años estén casadas con hombres de edad suficiente para ser sus abuelos. Si bien se trata de una práctica oficialmente ilegal, se acepta porque el profeta Mahoma sentó el precedente. Cuando tenía cincuenta y dos años de edad, tomó por esposa a una niña de seis años; el matrimonio se consumó sexualmente cuando ella tenía nueve.

En 2011, un clérigo prominente y miembro del más alto consejo religioso de Arabia Saudí, el Dr. Salih bin Fawzan, fue noticia cuando promulgó una *fatwá* (opinión con valor legal) que declaraba que no existía edad mínima para el matrimonio. Las niñas podían casarse «aun si estaban en la cuna»[4].

❑ **Afganistán:** Hasta el ochenta por ciento de los matrimonios en Afganistán tienen lugar sin el consentimiento de la novia, que a menudo es una niña. La brutal muerte de una niña de catorce años fue noticia en diciembre de 2012. Dos hermanos degollaron a Gastina después que su padre, Noor Rahman, se negara a aceptar su matrimonio debido a que era demasiado joven. Muchas chicas han decidido que quitarse la vida es la única salida[5]. Los intentos de suicidios, como saltar desde edificios, inmolarse y beber veneno aumentaron entre las niñas que se ven obligadas a casarse en contra de su voluntad

❑ **Irán:** En 2012, los legisladores iraníes anunciaron la decisión de permitir el matrimonio a los nueve años de edad, aduciendo que la edad mínima de trece años era contraria al islamismo. El número de novias menores de diez años sube como la espuma. Se calcula que hay cincuenta millones de niñas casadas en Irán[6].

❑ **Bangladés:** Son pocas las veces que se ha aplicado la prohibición legal del matrimonio de niñas menores de dieciocho años. Hasta el sesenta y seis por ciento de las niñas en Bangladés se casa antes de cumplir los dieciocho años y el veinte por ciento se casa antes de cumplir los quince años. Algunas novias tienen tan solo diez años de edad.

❑ **Malasia:** El Ministro de Asuntos Legales decretó que las niñas menores de dieciséis años pueden casarse mientras se los permitan las cortes religiosas islámicas.

❑ **Marruecos:** En 2012, la BBC informó el caso de una niña de dieciséis años de edad que bebió veneno de ratas después que la obligaran a casarse con el hombre que la secuestró y violó. El código penal del país no procesa a los hombres que secuestran menores con el fin de casarse con ellas[7].

❑ **Nigeria:** La mayoría de los musulmanes en el norte del país se ha opuesto a la Ley sobre los Derechos del Niño que protege a las niñas menores de edad. De acuerdo con el Consejo Británico en Nigeria, más de la mitad de las mujeres nigerianas en el norte están casadas a los dieciséis años de edad y se espera que den a luz un hijo durante el primer año de matrimonio.

❑ **Etiopía:** Se sabe que las niñas en las zonas rurales se casan a los ocho años de edad y sus familias no tienen en cuenta una ley federal que establece los dieciocho años como la edad legal. El cuarenta y ocho por ciento se casa antes de los quince. El secuestro de mujeres, aunque es un delito, todavía se considera una forma legítima de conseguir esposa, sobre todo en el sur.

Novias del hambre

El año 2012 vio un incremento en la «sequía» o las «novias del hambre» en los países asolados por la hambruna de la región del Sahel en el África occidental y del Cuerno de África en el este. Los padres que no pueden alimentar a sus hijos han estado vendiendo a sus hijas pequeñas para casarlas como estrategia de supervivencia, por apenas ciento setenta dólares. Esto sucede en Níger, donde aun en las buenas épocas una de cada tres niñas se casó a los quince años, así como en Etiopía, Kenia y Somalia. Cuanto menor sea la niña, mejor será el negocio.

❑ **Pakistán:** El delito más frecuente en contra de las mujeres en Pakistán es el matrimonio forzoso, dice un informe de la coalición de la ONG «Elecciones libres y justas en Pakistán». Casi el sesenta y ocho por ciento de la población pakistaní vive en las zonas rurales, y muchas niñas de doce a catorce años de edad están embarazadas o ya son madres. Para burlar la ley, los padres registran en el certificado de matrimonio que su hija tiene dieciséis años. Dado que un certificado de nacimiento aún no es un requisito legal para contraer matrimonio en Pakistán, no hay manera de verificar la falsificación de la edad[8].

«Ley del Matrimonio» de Pakistán

Una ley aprobada durante la dictadura militar de Zia Ul-Haq en 1985 establece que si una mujer no musulmana se convierte al islamismo, su anterior matrimonio queda nulo y sin efecto. Algunos musulmanes consideran esta ley como una invitación a secuestrar, violar e intimidar a las mujeres y niñas cristianas para que se conviertan al islamismo. Son parte del «botín de guerra». Las víctimas, un estimado de setecientas niñas cada año, se ven obligadas a casarse con sus raptores musulmanes, quienes afirman que sus padres y maridos perdieron todos los derechos sobre las mujeres y niñas secuestradas. A través de la indiferencia, el consentimiento o el miedo, la mayoría de los policías locales solo lo aceptan[9].

Nazir Bhatti, presidente del Congreso Cristiano de Pakistán, ha declarado que más del 99,9 % de los casos de violación de cristianas no se informan dado que hacerlo acarrearía ver-güenza a la familia y a ellas les impediría encontrar esposo.

EN EL MUNDO HINDÚ

❑ **India:** Según el Fondo de Población de Naciones Unidas (UNFPA, por sus siglas en inglés), en el año 2013 la India tenía el mayor número de niñas casadas en el mundo. A pesar de que las leyes indias establecen los dieciocho años como la edad mínima para que se case una mujer, el cuarenta y siete por ciento lo hace por debajo de esa edad[10]. El UNFPA también ha estimado que de los ciento cuarenta millones de niñas que se casen con menos de dieciocho años para el año 2020, cincuenta millones serán menores de quince años[11]. En los estados del norte como Uttar Pradesh al este, las niñas suelen tener solo unos meses hasta ocho años de edad cuando las casan. Estas novias permanecen en sus hogares maternos hasta llegar a la pubertad; luego se envían a sus hogares matrimoniales.

❑ En una decisión histórica en **Rajastán** en el año 2012, se anuló el matrimonio que tuvo lugar diecisiete años antes entre una niña de un año de edad y un niño de tres. Los matrimonios precoces son comunes en este estado, y no todas las familias de los novios están preparadas para esperar a la pubertad. El festival hindú Akshaya Tritiya de cada mes de abril o mayo es una fecha tradicional para las bodas infantiles en masa[12], a pesar de la oposición del gobierno de la India. En muchos casos documentados por los sociólogos, a las niñas tan pequeñas como de seis o siete años se las llevaron las familias de sus maridos para comenzar a trabajar como sirvientas o en el campo. Según se dice, muchos esposos se cansan de sus matrimonios después del nacimiento de su tercer, cuarto o quinto hijo, cuando sus esposas son adolescentes aún.

❑ **Nepal:** De acuerdo con el Ministerio de la Mujer, la Infancia y el Bienestar Social, más del treinta y cuatro por ciento de los nuevos matrimonios en este país del Himalaya involucran novias menores de quince años de edad, a pesar de la prohibición de la práctica. Si la niña es pequeña en particular, casi siempre las familias celebran en secreto las nupcias porque se paga una dote inferior. Mientras más pequeña sea la novia, menor será el monto que aporten sus familias. Aunque es ilegal, no es raro que los hombres nepalíes, sobre todo en las zonas rurales, tengan dos y hasta tres esposas. Según cifras del gobierno, más de doscientos cuarenta mil niños no asisten a la escuela en Nepal, y las autoridades creen que en su mayoría son niñas, en especial esas que las casaron a una corta edad[13].

EN EL MUNDO OCCIDENTAL

❏ **Estados Unidos:** La Iglesia Fundamentalista de Jesucristo de los Santos de los Últimos Días (IFSUD) es una secta que se separó de la Iglesia Mormona hace setenta años en amargo desacuerdo acerca de la práctica del matrimonio plural, la poligamia y las novias menores de edad de tan solo catorce años. Entre seis y diez mil seguidores viven en seis estados. La IFSUD enseña que la única manera en que un hombre puede alcanzar el más alto nivel en el cielo es tomando al menos tres esposas en esta vida. A pesar de que la poligamia es ilegal en Utah e inconstitucional en Arizona, los miembros de la IFSUD jamás han tenido en secreto su estilo de vida. El estimado ampliamente aceptado (hecho por Kathryn Daynes, profesora de la Universidad Brigham Young, y otros expertos) es que los Estados Unidos tienen entre treinta mil y cincuenta mil polígamos[14]. La Fundación de Justicia Tahirih ha identificado también tres mil casos de matrimonios forzosos en los Estados Unidos durante los últimos dos años. Muchas de las víctimas eran inmigrantes de los países musulmanes, pero el informe reveló que las víctimas eran hindúes, budistas y cristianas (sobre todo católicas de México)[15].

❏ **Europa:** Noruega, Dinamarca, Alemania, Austria, Malta, Bélgica y Chipre han aprobado leyes que declaran ilegal el matrimonio forzoso. Sin embargo, mucho más de doce países han establecido los catorce o quince años como la edad mínima de consentimiento para las relaciones sexuales. Solo en 2013, España subió de catorce años a dieciséis la edad mínima para contraer matrimonio.

En el año 2008, el **Reino Unido** incluyó una ley para dictar Órdenes de Protección en Caso de Matrimonio Forzado, y el gobierno británico anunció planes de seguir el ejemplo de otros países europeos en hacer que tales matrimonios sean un delito penal, quizá para 2013 o 2014. La Dependencia de Matrimonios Forzados intervino para ayudar a cuatrocientos niños en 2011 y doscientos cincuenta en 2012, incluyendo una pequeña de dos años. La dependencia también ofreció consejo o apoyo en otros mil cuatrocientos ochenta y cinco casos[16]; no obstante, la investigación llevada a cabo por el Departamento de Niños, Escuelas y Familias estima que a nivel nacional el número de denuncias de casos de matrimonios forzosos en Inglaterra fue entre cinco mil y ocho mil. Los matrimonios con menores de edad a menudo tienen lugar en forma «clandestina» y a muchas niñas las llevan a otros países para casarlas.

❏ **Australia y Nueva Zelanda:** Pru Goward, Ministra de la Mujer del estado de Nueva Gales del Sur, sugirió en 2012 que se producían alrededor de mil casos de matrimonios forzosos y esclavitud sexual al año en Australia. También se conoce que en Nueva Zelanda se produce esta clase de matrimonios en secreto, sobre todo entre las comunidades de inmigrantes.

Las autoridades del occidente muchas veces son reacias a intervenir en los casos de matrimonios forzosos; los ven como una cuestión cultural y temen una reacción violenta de poderosas facciones minoritarias.

SOS

PASOS A SEGUIR

❑ *Girls Not Brides* [Niñas no novias] es una asociación mundial comprometida a ponerle fin a la dañina práctica tradicional del matrimonio de niñas .Visita la página web: www.girlsnotbrides. org. El Plan Global de caridad tiene también una petición en contra de los matrimonios precoces y forzosos: www.plan-uk. org. Considera la posibilidad de unirte a Igualdad Ya [Equality Action Network], a fin de recibir avisos y actualizaciones sobre las campañas en: http://www.equalitynow.org/es.

Notas

1. http://www.plan-uk.org/early-and-forced-marriage
2. *Ibíd*
3. http://www.ecpat.net/ei/Publications/CST/CST_FAQ_ENG.pdf
4. http://forum09.faithfreedom.org/viewtopic.php?f=4&t=10258
5. http://world.myjoyonline.com/pages/news/201304/104829.php
6. http://frontpagemag.com/2012/frank-crimi/iranian-child-brides-get-younger-and-more-numerous/
7. http://www.bbc.co.uk/news/world-africa-17416426
8. http://www.girlsnotbrides.org/national-marriage-registration-to-enforce-child-marriage-laws-in-pakistan/
9. http://www.christianfreedom.org/the-christian-winter/persecution-in-pakistan/
10. http://www.hindustantimes.com/India-news/NewDelhi/India-leading-world-s-child-marriages-UN/Article 1-1023307.aspx
11. http://www.cbn.com/cbnnews/world/2012/June/Innocence-Lost-Indias-Children-Marrying-at-Age-8/
12. http://www.raonline.ch/pages/np/npwom05.html
13. http://www.hcn.org/issues/44.10/flds-continues-abusive-polygamist-practices-in-utah-and-arizona

14. http://www.tahirih.org/site/wp-content/uploads/2011/09/REPORT-Tahirih-Survey-on-Forced-Marriage-in-Immigrant-Communities-in-the-United-States-September-2011.pdf
15. http://www.guardian.co.uk/world/2013/mar/05/two-year-old-forced-marriage-risk
16. http://www.bbc.com/news/uk-17534262; http://www.bbc.com/news/uk-21665322

4

SOS: PARTO

A nivel mundial, más de quinientas mil mujeres cada año, un promedio de más de mil trescientas al día, pierden la vida debido a complicaciones relacionadas con el embarazo o el parto. Sin embargo, el noventa por ciento de estas muertes son evitables.

Un informe de 2013 de Salven a los Niños sobre el «Estado Mundial de las Madres» citó diez países africanos como los peores sitios para ser madre, basado en una serie de factores relacionados con la salud y el bienestar. Al pie de la lista se encuentra la República Democrática del Congo, seguida por Somalia, Sierra Leona, Malí, Níger, República Centroafricana, Gambia, Nigeria, Chad y Costa de Marfil. Los mejores lugares fueron, en primer lugar, Finlandia, a continuación, Suecia, Noruega, Islandia, Países Bajos, Dinamarca, España, Bélgica, Alemania y Australia. **Más de un millón de niños mueren cada año en el día de su nacimiento.**

Las mujeres que viven en los países en desarrollo tienen un noventa y siete por ciento más de probabilidades de morir durante el embarazo o el parto que las mujeres en los países del primer mundo. Mientras que solo una de cada diecisiete mil mujeres en Suecia, por ejemplo, corren el riesgo de la muerte materna durante toda su vida, en África occidental y central la proporción es de una en veintiséis. En Bangladés es una en cincuenta y una. Guatemala tiene la tasa más alta de mortalidad materna en América Latina, con una de cada setenta y una mujeres [OMS/UNICEF/BANCO MUNDIAL].

Hoy en día, más del noventa por ciento de las personas vivas nacieron en su casa. Menos de seis de cada diez mujeres en el mundo desarrollado dan a luz con el beneficio de un profesional calificado, como una partera o un médico, que la asista. En realidad, muchas no cuentan con el dinero para dar a luz en una clínica o en un hospital, incluso si existe un centro médico.

La «muerte materna» es el fallecimiento de una mujer mientras está embarazada o dentro de los cuarenta y dos días de la terminación del embarazo. Apenas el cinco por ciento de las mujeres recibe atención durante este período en los países y las regiones muy pobres; no obstante, según la OMS, dos tercios de las muertes maternas y de los neonatales se producen en los dos primeros días después del parto. En cambio, casi todas las nuevas madres en los países desarrollados reciben atención posparto.

❑ La hemorragia es la principal causa de muerte durante el embarazo y el parto, lo que representa un tercio de la mortalidad materna. A esto le siguen las infecciones, los abortos inseguros, el parto obstruido y los trastornos relacionados con la hipertensión.

❑ Dar a luz es el asesino número uno de las adolescentes en todo el mundo. Dieciséis millones de adolescentes se convierten en madres cada año[1]. Una de cada cinco dan a luz antes de los dieciocho años, y tienen cinco veces más probabilidades de morir. Sus bebés también son sesenta por ciento más propensos a morir.

❑ La mala nutrición de las futuras madres es a menudo un factor que contribuye a la mortalidad materna. [Consulta las notas que aparecen en «SOS: Salud y expectativas de vida»].

❑ Incluso, la falta de higiene simple puede ser letal. Un estudio reciente muestra que el lavado de manos con jabón por parteras y madres aumenta de manera significativa las tasas de supervivencia de los recién nacidos hasta en un cuarenta y cuatro por ciento.

COMPLICACIONES

Por cada mujer que muere, alrededor de otras veinte (*o un total de diez a quince millones cada año*) desarrollan infecciones o complicaciones graves que dejan humillantes y dolorosas infecciones de largo alcance, así como traumatismos y discapacidades[2].

Parto obstruido

Una complicación frecuente es la incapacidad del feto a descender a través del canal de parto debido a algún tipo de barrera, a pesar de las contracciones uterinas. Un factor que contribuye a la alta incidencia de este problema en el mundo en desarrollo es el matrimonio precoz. Las niñas de diez años o menos tienen un canal de parto demasiado pequeño. Esto puede producir en daño permanente en el nervio y deterioro muscular en pies y piernas. Las más afectadas quedan paralíticas.

En algunas zonas del África occidental árabe, las parteras a veces insertan un cuchillo largo en una vagina demasiado estrecha con el fin de ampliarla para el nacimiento. El corte que hacen puede causar un daño terrible. En ocasiones, introducen el cuchillo en la uretra para hacer el corte, dejando al descubierto la totalidad del tracto urinario inferior. Muchas mujeres mueren de inmediato de la hemorragia.

Fístula

Según la *Fistula Foundation*, se estima que dos millones de mujeres en Asia y el África subsahariana viven con una fístula obstétrica sin tratar. Esta condición puede aparecer después de soportar largos días de un agonizante parto obstruido y de dar a luz a un niño muerto. La fístula es una perforación entre la pared vaginal y el recto o la vejiga que resulta en una total incontinencia permanente, a menos que la mujer pueda recibir un tratamiento quirúrgico. Pocas pueden permitírselo, aunque en su remota aldea se ofrezca la opción.

La vergüenza de vivir siempre con la suciedad y el olor que impone tal condición es bastante malo, pero las tradiciones populares en algunas zonas consideran que la fístula obstétrica es el resultado de la infidelidad conyugal o de una enfermedad de transmisión sexual. Por lo tanto, a las niñas y mujeres jóvenes que sufren de fístulas las aíslan de sus comunidades y reciben el abandono de sus familias. Muchas tienen que mendigar para sobrevivir.

Un ritual de purificación practicado en algunas culturas africanas puede también producir una fístula. Durante cuarenta días luego del alumbramiento, un amigo o pariente vierte una solución con potasa en la vagina de la madre. Si la solución no está lograda, la alcalinidad produce la destrucción química del tejido vaginal y se desarrolla la fístula.

Algunas culturas africanas practican un ritual de purificación que también pueden ocasionar fístulas. Durante cuarenta días después del parto, un amigo o pariente vierte una solución que contiene potasa en la vagina de la madre. Si la solución se hace de forma indebida, la alcalinidad provoca la destrucción química del tejido vaginal y se desarrolla la fístula.

Lo lamentable es que una operación sencilla y de bajo costo es todo lo que se necesitaría para reintegrar a estas miles de mujeres desechadas a una vida normal.

PASOS A SEGUIR

❑ Apoya el trabajo en The Fistula Foundation, Freedom from Fistula Foundation y otros grupos mencionados en el Apéndice 2 que tratan de hacerle frente a esta necesidad crítica en muchos países.

Notas
1. http://www.unfpa.org/public/adolescents
2. http://www.factsforlifeglobal.org/01/1.html

5

SOS: MUJERES DISCAPACITADAS

Personas con discapacidad auditiva

❏ Aproximadamente una persona de cada mil en nuestro planeta tiene una dificultad auditiva de moderada a grave; un estimado de quinientos cincuenta y cuatro millones entre hombres, mujeres y niños.

❏ Treinta y cinco millones y medio son sordos de manera oficial.

❏ Alrededor de la mitad de los casos pudieron prevenirse.

❏ Más de dos tercios de los afectados viven en países en vías de desarrollo, y el ochenta por ciento de estas personas no tiene acceso a la educación.

❏ Alrededor de setenta millones de sordos usan el lenguaje de signos como primer idioma o lengua materna.

Los sordos son el cuarto mayor grupo del mundo no alcanzado con el evangelio. Para una lista por países de los grupos de personas sordas no alcanzadas con el evangelio, visita el Proyecto Josué (www.joshuaproject.net). Los sordos figuran como el grupo poblacional «menos alcanzado» en treinta países.

❏ Los padres del noventa por ciento de los sordos tienen audición. Apenas uno de cada diez de estos padres puede comunicarse con su hijo usando el lenguaje de signos. En algunos países está prohibido el uso de este lenguaje, incluso en las aulas escolares.

❏ Cada país tiene uno o más lenguajes de signos. La adopción de un lenguaje de signos universal, como el estadounidense (ASL, por sus siglas en inglés), aceleraría en gran medida la producción y la repartición de recursos, pero la mayoría de las personas no lo ha aprendido aún.

❏ Según la Organización Mundial de la Salud, la producción de audífonos suple menos del diez por ciento de la necesidad mundial.

❏ **Estados Unidos:** Varios grupos misioneros tienen en sus listas a la comunidad sorda como el **mayor** grupo de no alcanzados en Estados Unidos, con veintitrés millones de individuos con algún tipo de pérdida de audición. La lengua nativa de los sordos, el Lenguaje de Signos Americano (ASL), es la **tercera lengua más usada** en Norteamérica. **Menos de ocho de cada cien** personas sordas asisten a la iglesia en Estados Unidos. **Menos de cuatro de cada cien** dicen tener una relación personal con Cristo.

❑ La población sorda de **China**, que suma alrededor de setenta y dos millones, podría clasificarse como el mayor grupo de las minorías de este país[1]. Viven en cada ciudad, cada municipio y en miles de pueblos pequeños. De los mil seiscientos millones de niños sordos de China, cerca de un millón adquirieron la sordera debido al uso inadecuado de antibióticos[2].

Problemas especiales de las mujeres sordas maltratadas:

❑ Lidiar con la policía, los tribunales, los albergues y otros servicios de apoyo es más problemático porque muy pocas personas entienden el lenguaje de signos.

❑ Las mujeres sordas a menudo sufren discriminación en el trabajo, con altas tasas de desempleo y salarios más bajos.

❑ La dependencia económica de otros muchas veces conduce a quedar atrapadas en situaciones de abuso por períodos más largos.

❑ La culpa, la vergüenza y la baja autoestima influyen con frecuencia en las mujeres sordas que sufren sin protestar.

LAS MUJERES Y LOS NIÑOS CON OTRAS DISCAPACIDADES

De acuerdo con el Banco Mundial y la Organización Mundial de la Salud, más de mil millones de personas en el mundo viven con algún tipo de discapacidad; de este número, por lo menos trescientos millones son mujeres. La cantidad de abusos que sufren las personas discapacitadas es de proporciones pandémicas, y las mujeres son vulnerables en particular. Algunos países no tienen leyes que las protejan.

❑ En algunas culturas, las personas discapacitadas se consideran malditas. Pueden que las oculten, olviden, descuiden y hasta dejarlas que mueran.

❑ Las personas con discapacidad, incluidas las que tienen problemas de audición, son más vulnerables a la trata y a la explotación por el trabajo forzoso.

❏ El artículo 24 de la Convención Internacional sobre los Derechos de las Personas con Discapacidad asegura el derecho a la educación, pero dieciséis millones de niños discapacitados no asisten a la escuela, de los que una cuarta parte es ciega. Algunos consideran que la educación de estos niños es una pérdida de dinero. Se excluyen, en particular, a las niñas.

❏ Las mujeres discapacitadas son de dos a cinco veces más propensas al maltrato y esto depende de si viven en la comunidad o en una institución. También son propensas a experimentar abuso durante un período más largo y a sufrir lesiones más graves.

ABUSO INSTITUCIONAL

De acuerdo con las guías de salud *Hesperian*, los ejemplos de maltratos en las instituciones son:

- relaciones sexuales forzosas con empleados, cuidadores u otros residentes
- golpes, bofetadas o lesiones
- esterilización o abortos forzosos
- encierro en una habitación a solas
- baños helados duchas frías como castigo
- medicación forzosa (tranquilizantes)
- tener que desvestirse o estar desnudo delante de otras personas
- ver que maltratan o lastiman a otros
- estar atado o en restricción

EN EL HOGAR

Incluso en sus hogares, el abuso de las personas con discapacidad se manifiesta en negligencias, tales como negarles alimentos o cuidados; agresiones físicas o sexuales, tratamiento peligroso o excesivo de medicamentos; maltrato psicológico como la intimidación verbal y las amenazas, y la carencia afectiva y el aislamiento. También pueden ser víctimas de la explotación económica cuando otros hacen mal uso de sus recursos legítimos [*Disabled Women's Network Ontario*].

ESTERILIZACIÓN

Las mujeres discapacitadas son vulnerables, en particular, a la esterilización forzosa que las incapacita para la reproducción sexual. Esto quizá se realice bajo los auspicios de la asistencia médica legítima o del consentimiento de otros en su nombre, según cabe suponer, «por el bien de la mujer». Sin embargo, la esterilización es un procedimiento médico irreversible con profundos efectos físicos y psicológicos[3]. Los programas eugenésicos para mejorar la sociedad restringiendo la capacidad reproductiva de personas con deficiencias mentales o físicas mediante la esterilización forzosa fueron bastante comunes durante los años previos a la Segunda Guerra Mundial, sobre todo en el **norte de Europa.** En algunos países como **Suecia** y **Canadá,** tales programas perduraron hasta la década de 1970[4]. Más recientemente, en la India, se les realizaron histerectomías forzosas a varias mujeres con problemas mentales de entre dieciocho y treinta y cinco años, en el Hospital General Sassoon en Pune, en 1994, debido a que eran incapaces de mantener su higiene menstrual, lo cual el personal del hospital consideraba una pérdida de recursos y tiempo[5]. En **Australia,** así como en muchos otros países, los padres de las niñas con discapacidad pueden solicitar órdenes judiciales para permitir la esterilización involuntaria de su hija, incluso en una niña de apenas once años como sucedió en 2013[6]. Se desconoce cuántas de estas violaciones a los derechos humanos se llevan a cabo de un modo discreto en todo el mundo.

❏ Las mujeres con trastornos mentales enfrentan en forma desproporcionada a mayores factores de riesgo que los hombres, incluidas la violencia de género, las desventajas socioeconómicas, los bajos ingresos y la desigualdad salarial, y el bajo estatus o clase social [Organización Mundial de la Salud].

TRIPLE RIESGO PARA LAS MUJERES

❏ En los países donde el nacimiento de las niñas no es tan bien acogido y donde el feticidio femenino es rampante, como la India, una niña o mujer con discapacidad es víctima de un mayor desprecio y abandono. Un estudio realizado por CREA, grupo de derechos humanos de las mujeres en la India, Bangladés y Nepal, reveló que las mujeres con discapacidad sufren discriminación regular y continua dentro de la sociedad[7]. Un proyecto de investigación del «triple riesgo» en Camboya, realizado por *AusAID* en 2013, señala la interacción entre la desigualdad de género, la discapacidad y la pobreza que agrandan las desventajas que enfrentan las mujeres con discapacidad[8]. Y en África, donde existe el mito de que mantener relaciones sexuales con una virgen puede curar a una persona de VIH y sida, las mujeres y niñas discapacitadas son blanco para la violación porque las consideran asexuales y vírgenes[9].

Las mujeres con discapacidades mentales y físicas están entre los grupos de personas más discriminadas y en riesgo de nuestras sociedades, a menudo tratadas como asexuales o incluso «invisibles».

La Convención sobre los Derechos de las Personas con Discapacidad (CDPD) de la ONU es el primer tratado de derechos humanos del siglo veintiuno. Al entrar en vigencia en 2008, reafirmó los derechos humanos de los discapacitados y significó un gran paso en el camino de estas personas para convertirse en ciudadanos plenos con igualdad de derechos. Hasta ahora, lo suscribieron ciento cincuenta y cinco naciones miembro.

PASOS A SEGUIR

❑ Apoya el Día Internacional de las Personas con Discapacidad que se celebra cada 3 de diciembre. Promuévelo en tu iglesia o grupo de interés y utilízalo como un trampolín para llegar a los miembros marginados de tu comunidad. Trata de hacer una actividad dirigida a recabar fondos para un proyecto que ayude a los discapacitados, ya sea en tu país o en el extranjero.

«Los insultos me han destrozado el corazón; para mí ya no hay remedio. Busqué compasión, y no la hubo; busqué consuelo, y no lo hallé».

SALMO 69:20

Notas

1. http://www.heartsandhandschina.com/
2. http://news.xinhuanet.com/english2010/health/2011-02/10/c_13725709.htm
3. http://www.hrw.org/news/2011/11/10/sterilization-women-and-girls-disabilities
4. http://en.wikipedia.org/wiki/Compulsory_sterilization
5. http://infochangeindia.org/disabilities/backgrounder/protecting-women-withdisabilities-from-violence.html
6. http://www.hrw.org/news/2013/04/16/protect-rights-women-girls-disabilities
7. http://web.creaworld.org/
8. http://aid.dfat.gov.au/HotTopics/Pages/Display.aspx?QID=1035
9. http://www.stopvaw.org/women_with_disabilities

SOS: VIOLENCIA DOMÉSTICA

La violencia doméstica es la forma más generalizada de abuso contra las mujeres y los niños en el mundo actual. Una mujer es asesinada por su pareja o su «ex» dos veces a la semana en el Reino Unido, dos veces al día en Guatemala y cada treinta y cinco minutos en Ucrania. Una de cada cuatro mujeres sufre violencia doméstica en su vida. Solo cuarenta y cuatro países protegen de manera específica a las mujeres contra la violencia doméstica.

❑ **Estados Unidos:** El maltrato a golpes es la principal causa de lesiones a las mujeres de quince a cuarenta y cuatro años de edad en los Estados Unidos, según el Ministro de Salud Pública del país: más que los atracos, accidentes de tránsito y violaciones combinados. A una mujer la agreden o golpean cada nueve segundos. La violencia en la pareja contribuye a dieciséis mil ochocientos homicidios al año, y un costo público de más de cinco mil ochocientos millones de dólares. Tres millones tres cientos mil niños estadounidenses también sufren abusos cada año, y se estima que diez millones son testigos de alguna forma de violencia doméstica [Coalición Nacional Contra la Violencia Doméstica].

❑ **Gran Bretaña:** Más de mil doscientos millones de británicas sufrieron violencia doméstica en 2012, informa el Ministerio del Interior. Los expertos creen que la cifra real de incidentes está más cercana a los trece millones, ya que la gran mayoría no se denuncia. Siete de cada diez mujeres que duermen en las calles de este país dicen que han escapado de la violencia de sus parejas[1]. Las discapacitadas tienen el doble de probabilidades de sufrir abuso, y las casadas con musulmanes son más propensas a que sus cónyuges las asesinen que cualquier otra mujer en la Gran Bretaña. La Fiscalía General del Reino Unido ha advertido que el creciente número de tribunales de la *sharía* (islámica) en el país están poniendo a las mujeres en riesgo de violencia de los maridos abusivos. Sus decisiones a veces son contrarias a la ley británica, y existe evidencia de que la violencia doméstica se ha perdonado en algunos casos[2].

Los musulmanes con varias esposas pueden llevarlas al Reino Unido al emigrar y un creciente número de musulmanes británicos están tomando una segunda o tercera esposa, aun cuando la poligamia es ilegal. El sistema de bienestar social considera a las esposas como madres solteras, de modo que varias «familias» con un mismo padre pueden reclamar beneficios. Los asistentes sociales calculan que al menos existen veinte mil matrimonios bígamos o polígamos.

❑ **Suecia:** En 2012, investigadores televisivos encubiertos revelaron que en ocho de cada diez mezquitas musulmanas les decían a las mujeres que no debían denunciar a sus esposos abusivos y que la poligamia es aceptable a veces.

❑ **Italia:** A tantas mujeres las asesinan sus parejas o exparejas que una nueva palabra acaba de surgir hace poco en los medios de comunicación: feminicidio, lo que significa asesinato de mujeres por el hecho de serlo. En la mayoría de los casos, una mujer decide abandonar a su hombre (esposo o novio) y este la mata. Según un refugio para mujeres en Florencia, cada dos días una mujer muere como resultado de la violencia doméstica. En 2013, el gobierno italiano ratificó por unanimidad el Convenio del Consejo de Europa sobre «prevención y lucha contra la violencia contra las mujeres y la violencia doméstica».

AMÉRICA LATINA Y EL CARIBE

Esta región ostenta los más altos índices de abuso del mundo, afectando del treinta y cinco al cuarenta por ciento de las mujeres. En parte, se debe a la cultura machista que apoya la superioridad del hombre y permite su dominación sobre la mujer. Los tribunales de varios países se resisten a legislar sobre la violencia doméstica por considerarlo un problema de familia y no de jurisdicción legal.

❑ **Bolivia:** Este país tiene los más altos niveles de violencia doméstica de América del Sur, según los datos obtenidos por la ONU en 2011. En 2013, se presentó en el congreso una nueva ley para proteger a la mujer[3].

❑ **Guatemala:** Ocupa el tercer lugar en el mundo por el asesinato de mujeres, a menudo por los amantes abusivos. Pocos de los culpables se condenan y sentencian[4].

❑ **Colombia:** En 2011, los registros oficiales indican que cuarenta y dos mujeres en Colombia sufrieron ataques con ácido. En 2012, ese número casi se cuadruplicó, con ciento cincuenta ataques con ácido denunciados. El gobierno gasta setenta y cuatro millones de dólares al año en asistencia a mujeres maltratadas. El setenta por ciento de los casos no se denuncian[5].

❑ **México:** Las leyes de México no protegen como es debido a mujeres y niñas. No se considera una ofensa que se golpeen a la esposa y a los hijos y el noventa por ciento de las mujeres no denuncia el abuso a las autoridades *[Human Rights Watch]*.

❑ **Brasil:** En Sao Paulo, a una mujer la asaltan cada quince segundos[6].

ÁFRICA

❑ **Suazilandia:** Se espera que las mujeres en este país africano guarden silencio cuando las maltratan. Es más, existe una palabra en suazi para «esposa» o «mujer» que significa: *una que muere sin decir lo que soportó.* Suazilandia no tiene una ley específica que condene la violencia doméstica; solo hace poco comenzó a redactar leyes contra las ofensas sexuales y a procesar casos de violación.

❑ **Ghana:** En 2012, se denunciaron cerca de diez mil casos de violencia en la unidad de apoyo contra la violencia doméstica de la policía de Ghana.

❑ **Uganda:** Un informe publicado en la página web de ACNUR, citando cifras de diversas fuentes, revela que el sesenta por ciento de los hombres y el setenta por ciento de las mujeres aprueban que se golpee a la mujer si, por ejemplo, esta quema la comida o se niega a tener relaciones sexuales. Aunque este país finalmente aprobó una ley sobre violencia doméstica, en 2011 no se había implementado aún. La violación marital no es delito en Uganda.

❑ **Sudáfrica:** Según la estadística anual del Servicio de Policía de Sudáfrica, publicada en 2011-2012, cada día se asesinaron siete mujeres. Los rastreadores de delitos calculan que violan a una mujer cada diecisiete segundos y a un niño cada tres minutos, lo que le granjea a Sudáfrica el cuestionable título de capital mundial de la violación, según la Interpol. No obstante, menos del uno por ciento de los casos de violación se denuncia a la policía [allafrica.com].

ASIA

❑ **Japón:** La violencia doméstica se ha generalizado por tanto tiempo que se considera una parte normal del matrimonio, y cada vez es peor. Algunos culpan a la recesión económica de la violencia que cada día pone la vida en peligro, no solo de las mujeres, sino de los niños y los ancianos también. Las estadísticas son inexactas, ya que nueve de cada diez víctimas no pueden o no están dispuestas a buscar ayuda (por miedo o vergüenza). El número de centros de acogida para mujeres maltratadas ha aumentado, pero sigue siendo insuficiente.

❑ **India:** Un secuestro o rapto se produce cada cuarenta y tres minutos, una muerte por la dote cada setenta y cinco minutos, una violación cada treinta y cuatro minutos, un acto de crueldad cada treinta y tres minutos y un delito penal contra la mujer cada siete minutos, según datos compilados por grupos de mujeres[7]. De los quince millones de niñas que nacen cada año, solo el veinticinco por ciento llega a cumplir quince años. En 2006, entró en vigor la Ley de Protección de la Mujer frente a la Violencia Doméstica, pero muchas veces su aplicación es a medias. Las denuncias de incidentes de abusos se incrementaron en un seis por ciento y medio en 2012 respecto al año anterior[8].

La UNICEF informó que en el año 2012 el cincuenta y dos por ciento de las adolescentes y el cincuenta y siete por ciento de los adolescentes de la India piensan que es justificable que un hombre golpee a su esposa. Según la Oficina Nacional de Registro de Delitos en la India hubo un alza del 7,1 % en los delitos registrados contra las mujeres entre 2010 y 2011. El salto mayor fue en los casos por la «ley de prohibición de la dote» (hasta 27,7 %), de secuestro y rapto (un 19,4 %) y violación (hasta 9,2 %). [Consulta también «SOS: Novias en riesgo»].

❑ **Bangladés:** Al menos 174.691 mujeres en este país fueron víctimas de violencia, incluyendo los ataques con ácido, secuestros, violaciones, asesinatos, trata y la violencia relacionada con la dote, entre 2001 y 2012, según un informe de la policía del país. Decenas de miles más sufren palizas diarias que nunca denuncian a la policía. El aumento de la tortura física y mental se evidencia por el hecho de que el suicidio es la principal causa de muerte de las mujeres en este país. Y de acuerdo con el Informe sobre Desarrollo Humano de las Naciones Unidas, Bangladés tiene el peor récord de violaciones en la región, lo que significa que estadísticamente una de cada mil mujeres sufre violación[9].

En la última década, a más de tres mil mujeres bangladesíes les arrojaron ácido en sus caras, sobre todo por los hombres que dicen que los deshonraron de alguna manera, tal como el rechazo de una propuesta de matrimonio. Incluso a los niños los dejan llenos de cicatrices. Un hombre puede vengarse de un enemigo por la quema de los rostros de su mujer y sus hijas, y las víctimas desfiguradas rara vez tienen los medios para buscar ayuda quirúrgica. El delito es más común en Bangladés y Afganistán, pero también ocurre en Pakistán y la India y otras partes del mundo. Los maridos atacan cada vez más a las mujeres por delitos menores, como no tener la cena lista o negarse a tener relaciones sexuales. En contadas ocasiones se enjuician a los autores del delito.

❑ **Bután:** Según un estudio de 2011 de la Oficina Nacional de Estadísticas, casi una cuarta parte de las mujeres encuestadas admitió abuso doméstico. El setenta por ciento de las mujeres que participaron en el estudio considera que es aceptable el maltrato a la mujer.

❑ **Afganistán:** El presidente afgano Hamid Karzái emitió un decreto en 2009 que prohíbe la violencia contra la mujer. No obstante, más del ochenta y siete por ciento de las mujeres de este país es víctima del maltrato doméstico, según estimados de la ONU. Y una encuesta de la Fundación Thomson Reuters en 2011 designó a Afganistán como el país más peligroso del mundo para las mujeres.

❑ **Egipto:** Un artículo del código penal de Egipto dice que si el marido golpea a su mujer «con buenas intenciones», no hay daños punitivos.

❑ **Líbano:** En el año 2012, un comité parlamentario presentó el proyecto de una nueva ley de prevención de la violencia contra la mujer, eliminando la violación marital, así como violencia psicológica y económica. Un miembro del comité declaró que la violación en el matrimonio no existe, aunque se informan cientos de casos cada año.

❑ **Arabia Saudí:** La violación y la violencia doméstica son problemas generalizados, y a las mujeres no las indemnizan.

❑ **Turquía:** Un estudio de 2011 reveló que el cuarenta y dos por ciento de las mujeres de este país experimentó abuso físico o sexual en algún momento.

❑ **Emiratos Árabes Unidos:** El código penal les da a los hombres el derecho de disciplinar a sus esposas y a sus hijos, y el Tribunal Supremo Federal confirmó el derecho del marido de «castigar» a su esposa y a sus hijos con el abuso físico.

❑ **Yemen:** En la actualidad, no existen leyes contra la violación marital.

❑ **Pakistán:** En 2012, el senado aprobó un proyecto de ley de violencia doméstica que convierte a la violencia contra mujeres y niños en una ofensa. Antes, a un hombre que golpeara a su esposa y a sus hijos no podían arrestarlo por considerarse un asunto doméstico. Si se cumple, este proyecto será un gran paso de avance. No obstante, la indiferencia policial sigue siendo un obstáculo.

La Comisión de Derechos Humanos de Pakistán declara que «se produce una violación cada dos horas y una violación en grupo cada ocho horas. Una de cada doce mil quinientas mujeres es víctima de violación». Según la Sociedad Protectora de los Derechos del Niño, lo mismo sucede cada año con un gran número de niños, casi todos cristianos o hindúes, miembros de religiones minoritarias.

❑ Bajo las Ordenanzas Hudood de Pakistán de 1979, que regula el castigo por adulterio y violación, la violación de menores (antes definida como relaciones sexuales con el consentimiento o sin este de una niña menor de catorce años) ya no era un delito. Además, se eliminó la posibilidad legal de violación marital. Esto último sigue en pie, aunque en 2006 se aprobó un proyecto de ley de protección de la mujer que modifica las Ordenanzas Hudood. El proyecto de ley les permite a los jueces tratar los casos de violación bajo las leyes civiles en lugar de hacerlo con la *sharía* (ley islámica), eliminando así el requisito de los cuatro testigos.

La gran mayoría de los policías, médicos y fiscales en Pakistán no solo tienden a no creer, sino a menospreciar, a las mujeres que denuncian una violación. Se sabe que la policía amenaza e intimida a las víctimas, y acepta sobornos de los hombres acusados.

Un abogado declaró abiertamente: «No creo en los casos de violación. El consentimiento de la mujer está siempre presente. Si existe violación, solo sucede en el uno por ciento de los casos». Es más, la mujer que presenta un caso en contra de un hombre está en peligro de enjuiciamiento, a menos que pueda probar que no estaba dispuesta a participar en adulterio o fornicación. En otras palabras, la propia víctima es culpable hasta que demuestre su inocencia. Los activistas de derechos humanos dicen que cerca de la mitad de las mujeres que denuncia una violación las acusan de adulterio sin ninguna prueba que lo justifique, y se pudren en la cárcel. Aun cuando las absuelven, tales mujeres pueden ser víctimas de «asesinatos de honor» a manos de los miembros varones de su familia, quienes consideran su honor comprometido. En las aldeas tradicionales, *las niñas o mujeres que dan a luz un hijo ilegítimo después de ser víctimas de abuso sexual, las pueden apedrear hasta la muerte.*

Pakistán no tiene una legislación específica contra la violencia doméstica. Lo más probable es que se desestime el abuso en el hogar como un asunto de familia. En el raro caso de que vaya a un tribunal de justicia, se puede llegar a un acuerdo monetario (dinero de sangre) y conceder una retribución.

❑ Porcentaje de mujeres entre quince y cuarenta y nueve años que considera justificable que el esposo o la pareja golpee a su esposa o pareja en determinadas circunstancias[10]: Afganistán y Jordania, 90 %; Malí, 80 %; Guinea y Timor Oriental, 86 %; Laos, 81 %; República Centroafricana, 80 %; Sudán del Sur, 79 %; Somalia y la República Democrática del Congo, 76 %; Gambia, 75 %; Tayikistán, 74 %; Sierra Leona y Burundi, 73 %; Níger, Tuvalu y Uzbekistán, 70 %; Argelia y Bután, 68 %.

SOS

PASOS A SEGUIR

❑ La ONU designó el 25 de noviembre como el «Día Internacional de la eliminación de la violencia contra la mujer». Consulta los recursos disponibles en algunas de las páginas web citadas en el Apéndice 2 de este libro y apoya a las agencias que trabajan para eliminar la violencia de género.

❑ Consulta también la sección «SOS: Asesinatos de "honor"».

Notas

1. http://www.wlv.ac.uk/default.aspx?page=33020
2. http://www.telegraph.co.uk/news/religion/9976822/Sharia-courts-putting-womenat-risk-CPS-warns.html
3. http://csis.org/publication/latin-america-women-still-confront-violence
4. *Ibíd*
5. *Ibíd*
6. http://saynotoviolence.org/issue/facts-and-figures
7. http://infochangeindia.org/women/backgrounder/violence-against-women.html
8. http://in.reuters.com/article/2013/06/14/india-rape-women-2012-reportidINDEE95D0B920130614
9. http://globalvoicesonline.org/2013/02/22/bangladesh-raises-voice-to-end-violenceagainst-women/
10. http://www.childinfo.org/attitudes_data.php

SOS: EDUCACIÓN

Dos tercios de los setecientos setenta y cuatro millones de analfabetos del mundo son mujeres. De los setenta y dos millones de niños que crecen sin una educación, treinta y cuatro millones son niñas. Menos de un tercio de todas las niñas están matriculadas en la escuela secundaria[1].

PRINCIPALES FACTORES DE ANALFABETISMO

Pobreza: Es poco probable que las familias que apenas logran sobrevivir tengan la educación como una prioridad. Los niños y menores de edad discapacitados, desplazados e inmigrantes que viven en zonas de conflicto o posteriores a los desastres son también muy desfavorecidos. Por lo general, las situaciones de indigencia conducen al trabajo infantil y, para las niñas, al matrimonio precoz.

Varias lenguas: La mayoría de los analfabetos del mundo vive en países donde se hablan decenas o incluso cientos de lenguas. Algunas lenguas o dialectos indígenas de grupos minoritarios no tienen un alfabeto escrito o muy poco impreso.

Discriminación de género: Sobre todo en las sociedades patriarcales, esto todavía es muy parte de la ecuación. En los estados árabes, Asia central y Asia meridional y occidental, el trato privilegiado se les da por tradición a los hombres. Las niñas están destinadas a casarse o trabajar en la casa de la familia, mientras que los niños tienen derecho a recibir una educación[2]. Los hijos se consideran una «inversión a largo plazo», ya que se espera que cuiden a los padres ancianos.
El mundo está muy lejos de alcanzar la meta de desarrollo internacional de las Naciones Unidas para 2015 de la educación primaria universal para niños y niñas por igual.

EXPECTATIVA DE VIDA ESCOLAR FEMENINA[3]

Países donde las niñas promedian menos años de escolaridad:
Somalia (dos años), Eritrea (4); República Centroafricana, Chad, Costa de Marfil, Yibuti y Níger (5).

Países donde las niñas promedian más años de escolaridad:
Australia (21); Islandia y Nueva Zelanda (20); Cuba (19); Dinamarca, Finlandia, Irlanda, Noruega, Eslovenia (18).

Tasas de alfabetización femenina[4]

Países con tasas más bajas:
Afganistán (12,6 %), Níger (15,1 %), Burkina Faso (15,2 %), Sudán del Sur (16 %).

Países con tasas más altas:
Andorra, Finlandia, Groenlandia, Liechtenstein, Luxemburgo (100%)
Azerbaiyán, Barbados, Lituania (99,7%), Armenia (99,4%), Bélgica, Bermuda, Islandia, Irlanda, Japón, Corea del Norte, Mónaco, Países Bajos, Nueva Zelanda, Estados Unidos (99%).

ASIA

Solo la mitad de las mujeres de quince años y más sabe leer y escribir. Un tercio de las niñas indias no terminan la escuela primaria. La mayoría de las familias aún no permite que la mujer trabaje, excepto en campos dominados por mujeres, como la enseñanza y la atención de la salud. Sin embargo, las madres de zonas urbanas y de clase media son cada vez más conscientes de que sus hijas tendrán una mejor oportunidad laboral a través de la educación.

❑ **Pakistán:** En las áreas tribales de administración federal en la frontera noroeste de Pakistán, el analfabetismo femenino es del noventa y seis por ciento, mucho mayor que en otras partes del país. Los talibanes destruyeron cientos de escuelas y amenazaron con violencia a las familias desplazadas si enviaban a sus hijas a escuela[5]. En el valle de Swat, una niña pakistaní de catorce años de edad fue noticia mundial en 2012 cuando le dispararon en la cabeza por desafiar a los talibanes, decidida a tener una educación. A Malala Yousafzai la trasladaron a Gran Bretaña, donde la sometieron a una operación de cráneo que le salvó la vida y donde ha permanecido para asistir a la escuela. En 2013, Shahnaz Nazli, una maestra de cuarenta y un años de edad, en su camino con su hijo para trabajar en una escuela de niñas, la mataron a balazos. El gobierno pakistaní accedió por primera vez a legislar la educación gratuita y obligatoria, así como a proporcionar estipendios para tres millones de niños.

❑ **Afganistán:** Solo el seis por ciento de las mujeres mayores de veinticinco años han recibido algún tipo de educación formal. Los talibanes están de nuevo creciendo en influencia, y los ataques de grupos armados que se oponen a la educación de las mujeres siguen dificultando la escolaridad. A algunas niñas las mutilaron por los ataques con ácido o les envenenaron su agua potable[6].

❑ **Turquía:** En 2012, el presidente de Turquía aprobó un polémico proyecto de ley en el que se extendía la educación obligatoria a los doce años, pero permitió la educación en casa después de los primeros ocho años, lo que los críticos dijeron que podría favorecer la práctica de las niñas novias.

ÁFRICA

De los veintidós países del mundo donde más de la mitad de los habitantes son analfabetos, quince están en África. En cuarenta y siete de los cincuenta y cuatro países, las niñas tienen menos del cincuenta por ciento de posibilidades de terminar la escuela primaria.

❑ **África subsahariana:** Aquí la brecha de género se amplía en forma considerable en el nivel secundario, donde se matriculan seis niñas por cada diez niños [UNESCO]. Las tasas de las adolescentes que terminan la secundaria son inferiores al cinco por ciento en diecinueve países.

❑ **Somalia:** Solo el cuarenta y dos por ciento de los niños en edad escolar primaria asiste a la escuela y, de estos, las niñas ocupan el treinta y seis por ciento. En la escuela secundaria, las niñas ascienden al veintiocho por ciento. Las mujeres forman parte del quince por ciento de los docentes que, en su mayoría, no tiene titulación [UNICEF].

❑ **Uganda:** El ochenta y cinco por ciento de las niñas abandona la escuela pronto [GirlEffect].

ORIENTE MEDIO

La matriculación escolar de las niñas en **Yemen** es el más bajo de todos los países de Oriente Medio, siendo apenas la mitad de las niñas las que asisten a la escuela primaria. A la educación no se le da una prioridad tan alta como a la castidad; las escuelas mixtas de género y la escasez de maestras dan lugar a que las niñas las mantengan a menudo en el hogar, sobre todo en las zonas rurales. Los matrimonios precoces son tradicionales.

❑ **Arabia Saudí:** En 1980, solo se matriculó en la escuela secundaria el veintitrés y dos por ciento de las niñas. Ahora, sin embargo, el por ciento de niñas que tiene educación superior ha aumentado en gran medida y el gobierno ofrece muchos programas de becas. Por lo general, las calificaciones de las mujeres en Arabia Saudí superan a las de los hombres. Aun así, todavía tienen carreras prohibidas tales como periodismo, arquitectura e ingeniería; y no pueden ejercer la abogacía. El ochenta y cinco por ciento trabaja en el área educativa.

AMÉRICA LATINA

En general, a la América Latina le ha ido mejor en la educación de las niñas, pero todavía hay grandes lagunas. Por ejemplo, según la UNESCO, menos de un tercio de las mujeres en Bolivia pueden leer y escribir. Muchas veces no se tienen en cuenta a los grupos indígenas. Además, la incidencia del trabajo migrante e infantil en la minería, la agricultura y las plantaciones plataneras de algunas áreas, también contribuyen a la asistencia escolar desigual para niños y niñas. En cuanto a la educación superior, las mujeres en las culturas de orientación masculina de América Latina y el Caribe han sido reacias a entrar en campos de la ingeniería o las ciencias experimentales, con la excepción de la medicina. Aunque las niñas se desempeñan mejor en la escuela que los varones y son más las que continúan estudios superiores, los hombres todavía ganan salarios mayores en el trabajo y la violencia contra las mujeres sigue siendo alta.

AMÉRICA DEL NORTE

❏ **Estados Unidos:** Lo sorprendente es que una de cada cuatro niñas no termina el bachillerato. El índice entre marginados es aun mayor entre las niñas de grupos minoritarios [National Women's Law Center]. El veinte por ciento de los adultos estadounidenses es de analfabetos funcionales.

❏ **Canadá:** Las niñas en Canadá muestran un mayor compromiso con la educación que sus pares varones, y son menos propensas a la deserción. Sin embargo, el cuarenta y dos por ciento de los canadienses adultos entre los dieciséis y los sesenta y cinco años de edad tienen un bajo nivel de alfabetización[7].

EUROPA

Los «analfabetos funcionales» de Europa: Uno de cada cinco jóvenes de quince años, así como cerca de setenta y cinco millones de europeos adultos, carecen de habilidades básicas de lectura y escritura, de acuerdo con un informe de la Unión Europea[8]. Un informe de la *World Literacy Foundation* [Fundación Mundial de la Alfabetización] de 2012 añade que al 47 % de los adultos de Italia les cuesta leer y escribir; también lo hacen uno de cada cinco adultos en Irlanda y el Reino Unido, el 18 % de los residentes en Bélgica, el 16 % en Suiza, el 14 % en Alemania y el 11 % en los Países Bajos. Esto significa que pueden tener dificultades para rellenar una solicitud de empleo, leer un extracto de cuentas o las etiquetas de los productos alimenticios[9]. Europa tiene una población **romaní** (gitana) de entre diez y doce millones. Los niveles de educación son bajos en especial entre estas personas, en el mundo entero. La UNESCO afirma que la mitad de los niños gitanos no terminan la educación primaria. Muchas veces casaban a las niñas a muy temprana edad, privándoles de oportunidades educativas.

Cómo la educación influye en el crecimiento poblacional, las tasas de mortalidad infantil y los ingresos

❏ Las mujeres alfabetizadas tienen en promedio dos hijos por familia, mientras que las analfabetas suelen tener entre seis y ocho hijos

❏ La salud de una madre y sus hijos tienen una correlación directa con la educación. Además de tener menos hijos, las mujeres con estudios son más propensas a utilizar los centros de salud y a regresar si no hay mejoría. Es más, la educación es uno de los principales factores que influyen en las tasas de mortalidad de niños menores de cinco años. Un niño nacido de una mujer que puede leer es más probable que supere los cinco años de edad. Por cada año de escolaridad que recibió una madre, la probabilidad de que su hijo muera en la infancia disminuye en un diez por ciento.

❏ Un reciente estudio de sesenta y tres países reveló también que las mejoras en la educación para las mujeres era «el único y mayor contribuyente» para la *disminución de la malnutrición* entre los niños.

❏ Las familias de las mujeres con cierta formación académica tienden a tener mejores viviendas, ropas, ingresos, servicios de agua potable y de higiene. Al duplicarse los niveles de alfabetización, también se incrementa el promedio de ingreso per cápita[10].

❏ Alrededor del **setenta y cinco por ciento** de los niños de escuela primaria en países en vías de desarrollo tienen madres que no fueron a la escuela [UNICEF].

Casi mil millones de personas iniciaron el siglo veintiuno incapaces de leer un libro o de escribir su propio nombre.

SOS

PASOS A SEGUIR

❏ La ONU estableció el «Día Internacional de la niña» el 11 de octubre de 2012 para resaltar el hecho de que el matrimonio de menores no permite que las pequeñas terminen su educación y alcancen todo su potencial. Ayuda a promover la campaña 10 x 10, una iniciativa global que aboga por el mejoramiento de la educación de las niñas en todo el mundo. Apoya también la campaña «Por ser niña» de la organización «Plan» y otras iniciativas que se encuentran en el Apéndice 2 bajo: «Educación».

❏ Consulta la sección correspondiente de este libro titulada: «SOS: Matrimonios de niñas».

Notas

1. http://dayofthegirl.org/girls-issues/
2. http://www.humanium.org/en/world/right-to-education/
3. Fuente: *El Libro Mundial de Hechos* [World Factbook] 2013.
4. *Ibíd*
5. http://www.brookings.edu/research/opinions/2009/06/11-pakistan-education-winthrop
6. http://www.cnn.com/2012/09/26/world/asia/cnnheroes-afghan-schoolgirls
7. http://www.literacy.ca/literacy/literacy-sub/
8. http://europa.eu/rapid/press-release_IP-11-115_en.htm
9. http://www.thesun.co.uk/sol/homepage/news/politics/4226467/Illiterate-Britain-Scandal-of-one-in-5-adults-battling-to-read-and-write.html
10. http://www-01.sil.org/literacy/wom_lit.htm

SOS: MUTILACIÓN GENITAL FEMENINA

Alrededor de ciento cuarenta millones de niñas y mujeres en todo el mundo viven con las consecuencias de la mutilación genital, según la Organización Mundial de la Salud. Otras seis mil niñas corren el riesgo de padecerla cada día.

A la práctica de la ablación o mutilación genital femenina (MGF) se le llama a veces circuncisión femenina, pero este término es anatómicamente incorrecto y solo se aplica a un procedimiento poco frecuente. También crea una falsa analogía con la circuncisión masculina, una práctica que, a diferencia de la MGF, tiene importancia religiosa y probados beneficios para la salud.

Aunque la MGF no tiene ningún fundamento en las escrituras ni en la ley islámicas, una de cada cinco niñas musulmanas vive hoy en una comunidad que aprueba alguna forma de la práctica. Pocos líderes religiosos se han pronunciado en su contra.

Las tasas de prevalencia más altas se encuentran en África, donde se practica en veintinueve países, a pesar de que en algunos es ilegal. En ciertos países, más de la mitad de todas las mujeres y las niñas se sometieron a la ablación. Estas cifras no disminuyen.

¿Qué es exactamente la MGF?

La mutilación genital femenina es la eliminación parcial o total de los genitales femeninos. Hay tres tipos, y la más grave infibulación es la que se lleva a cabo en un estimado del quince por ciento de las niñas que se someten a la MGF. Este procedimiento consiste en la ablación del clítoris (quitar todo o parte del clítoris) y la escisión (extirpación total o parcial de los *labios menores*, los «labios» internos que rodean la vagina; y el corte de los *labios mayores* o «labios» externos) a fin de crear superficies en carne viva. A continuación, los suturan o se mantienen unidos para que formen una cubierta sobre la vagina cuando se sanan. Se deja un pequeño agujero de modo que permita darles salida a la orina y al flujo menstrual. Algunas formas menos convencionales de la infibulación eliminan menos tejido y dejan una abertura mayor. Casi todas las MGF en África (el ochenta y cinco por ciento) consisten en la ablación o escisión. Esto también se practica en el Oriente Medio: Egipto, Omán, Yemen y los Emiratos Árabes Unidos. En Yibuti y la República Centroafricana, se estima que el noventa y cinco por ciento de las mujeres están infibuladas.

Esta ablación se puede llevar a cabo en la niña en cualquier momento desde poco después del nacimiento hasta durante su primer embarazo. A veces se considera como un ritual de mayoría de edad. Sin embargo, la edad más común es entre cuatro y ocho años de edad. La persona que lo realiza puede ser una mujer mayor, un peluquero, una partera, un curandero tradicional o un médico calificado.

Solo los ricos tienen acceso a médicos y anestésicos. La gran mayoría de las niñas no recibe ninguna preparación ni analgésico. Simplemente la sujetan a la fuerza, mientras que el «cirujano» asignado procede con un trozo de vidrio, la tapa de una lata, unas tijeras, una hoja de afeitar u otro instrumento cortante. Cuando se realiza la infibulación, se usan espinas o puntos de sutura, a fin de unir los dos lados de los *labios mayores*, y las piernas de la niña las pueden atar juntas por hasta cuarenta días. En ocasiones, se aplican polvos antisépticos o, lo que es más común, pastas que contienen hierbas, leche, huevos, cenizas o estiércol, que se cree que facilitan la cicatrización. A la niña la pueden llevar a un lugar especialmente designado para recuperarse, donde, si la mutilación se llevó a cabo como parte de una ceremonia de iniciación, recibe la enseñanza tradicional.

¿Qué motiva la MGF?

En la mayoría de las sociedades donde se practica la circuncisión femenina es una parte arraigada de la cultura. Las niñas que pasan por esto se consideran más limpias y femeninas. Puesto que sin este ritual no las aceptarán como mujeres maduras, y de seguro que en el matrimonio tampoco, la presión para cumplir con esto es enorme. Los padres también creen que la MGF reduce el deseo sexual de una niña y así protege la castidad de sus hijas, ¡aunque muchos creen por error que en realidad aumenta la fertilidad! Se considera que la infibulación, en particular, salvaguarda el honor de la familia.

En el año 2012, las mauritanas se anotaron una victoria cuando los clérigos y académicos musulmanes declararon una fetua o decreto religioso, contra la centenaria práctica. Alrededor del setenta y dos por ciento de las mujeres en Mauritania sufrieron la MGF.

Las cifras indican que hasta un noventa por ciento de las egipcias sufren mutilaciones. La MGF se prohibió legalmente en 2008, pero todavía es muy frecuente, y algunos políticos siguen exigiendo el restablecimiento legal de la práctica.

«¿Cómo podemos dejar sin circuncidar a nuestras hijas?», dijo el alcalde de una ciudad egipcia. «El gobierno puede hacer lo que quiera y nosotros también vamos a hacer lo que queremos. Todos vamos a circuncidar a nuestras hijas, sin importar los castigos».

En Sudán, una profesora de Biología, de cuarenta y tres años de edad, explicó: «Nos hacen creer que nos sucederán toda clase de cosas malas si no nos circuncidan. Se lleva a cabo a muy temprana edad [...] En realidad, no se dan cuenta, ni saben lo que le hicieron, y más adelante, los problemas cuando una es mujer, parecen no tener relación con eso».

LAS CONSECUENCIAS

En la MGF no hay beneficios para la salud. Los efectos inmediatos pueden incluir dolor extremo, conmoción, hemorragia, tétanos o infección bacteriana, retención de orina, heridas abiertas, incluso la muerte. Por lo general, las niñas que pasan por esto a menudo quedan marcadas de por vida, tanto de manera mental como física. En los días posteriores al procedimiento, suelen desarrollar infecciones graves y abscesos. La infibulación también puede dar lugar a infecciones a largo plazo del tracto urinario, daño renal, piedras, quistes, infecciones debido a la obstrucción del flujo menstrual y hasta la infertilidad.

Un posible peligro adicional de todos los tipos de mutilación genital femenina es que el uso repetido del mismo instrumento en varias niñas, como a veces ocurre, puede causar la propagación del VIH. El daño permanente en la zona genital puede también aumentar el riesgo de transmisión del VIH durante las relaciones sexuales.

Muchas mujeres informan que en su noche de bodas, sus esposos tienen que usar un cuchillo a fin de ampliar la abertura para el coito. Como se pueden imaginar, la operación improvisada como esta puede causarles más daño aun a las jóvenes esposas.

Durante el parto, puede desgarrarse el tejido cicatrizado que queda de la ablación genital. Las mujeres infibuladas deben hacerle un corte para permitir el alumbramiento. Después de cada parto, la abertura se vuelve a coser[1].

COMUNIDADES DE INMIGRANTES EN TODO EL MUNDO

Los inmigrantes y refugiados han llevado consigo la práctica de la ablación femenina a los países del mundo desarrollado. A pesar de las prohibiciones legales en la mayor parte de occidente, a medio millón de niñas en Europa las siguen obligando a pasar por este procedimiento cruel e innecesario: nada más y nada menos que setenta y cinco mil mujeres en Gran Bretaña, sesenta y cinco mil en Francia, treinta mil en Alemania[2]. Miles más sufren en silencio en Australia y los Estados Unidos. A fin de evitar el proceso judicial, los padres suelen llevar a las niñas a su país de origen para el ritual.

«Tengo pesadillas. Jamás lo superé [...] Necesito una operación. Tengo tejidos cicatrizados [...] Viviré con esto por el resto de mi vida [...] Sin embargo, de algo estoy segura: nunca dejaré de manifestarme en contra de la MGF. Viviré para ser la voz de los que no tienen voz».
Mashua, víctima de Kenia

Varios grupos realizan campañas en contra de esta difundida violación de los derechos humanos. (Consulta la lista de agencias en el Apéndice 2). En algunos lugares, no obstante, aumentan los informes de ataques y amenazas de muerte a las niñas y mujeres que critican la MGF.

En 2008, la Asamblea Mundial de la Salud aprobó una resolución sobre la eliminación de la MGF y, en diciembre de 2012, la Asamblea General de la ONU aceptó una resolución similar. Las naciones todavía tienen un largo camino por recorrer para hacer realidad esta legislación.

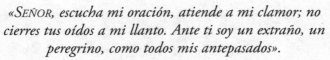

PASOS A SEGUIR

❑ En el apéndice 2, bajo «Mutilación genital femenina (MGF)», aparece una lista con una serie de iniciativas mundiales encaminadas a detener estas prácticas atroces. Todos necesitamos respaldar sus esfuerzos y alentar a otros para que se sumen.

«SEÑOR, escucha mi oración, atiende a mi clamor; no cierres tus oídos a mi llanto. Ante ti soy un extraño, un peregrino, como todos mis antepasados».

SALMO 39:12

Notas
1. http://www.desertflowerfoundation.org/es/sobre-la-mgf/
2. *Ibíd*

9

SOS: INFANTICIDIO Y FETICIDIO FEMENINO

> Al asesinato de niñas, antes y después del parto, se le ha llamado «el mayor holocausto de la historia de la humanidad».

La cantidad de víctimas por el feminicidio a lo largo de los siglos se elevaría a millones. Desde los tiempos de la antigua Roma, a las niñas bebés las han asesinado debido a la preferencia por los varones. Los feticidios femeninos son más frecuentes hoy en el sur, el sudeste y el centro de Asia.

INDIA

En 2011, a unos tres millones de niñas indias las «desaparecieron» de la población de este país debido al infanticidio femenino, según *Children in India 2012: A Statistical Appraisal*. La preferencia por los hijos varones ha resultado en doce millones de niñas abortadas en las últimas tres décadas [*Lancet*].

❑ El nacimiento de una niña es a menudo una mala noticia para las familias pobres de la India, debido a la enorme dote que les exigirán a la larga cuando se case. Aunque la costumbre de pagar a la familia del novio se eliminó de manera oficial con la Ley de Prohibición de la Dote en 1961, el sistema sigue vigente. La dote puede valer varias veces lo que gana el jefe de familia en un año y dejar a la familia en ruinas. Un hijo, en cambio, mantendrá el nombre de la familia y también ganará una dote que traerá prosperidad. Por lo tanto, los padres pueden optar por terminar con la vida de una niña antes de que comience siquiera. El desarrollo de las pruebas de determinación prenatal del sexo en la década de 1970 llevó a gran escala los abortos selectivos por sexo. Incluso, las familias de las castas superiores pueden ver el feticidio como una opción. El aborto selectivo ha sido ilegal desde hace veinte años, pero a pocos médicos los han enjuiciado por esto. La India cuenta con más de cuarenta mil clínicas de ultrasonido registradas y muchas más sin registrar. Sus anuncios instan a la inversión de unos pocos cientos de rupias en una prueba de género, a fin de ahorrar miles de dólares en una dote futura.

❏ Las embarazadas que no pueden costear las pruebas prenatales se ven obligadas a esperar hasta dar a luz para ver el sexo del bebé. A las niñas las pueden asfixiar, estrangular o solo dejar morir de hambre. A otras las alimentan con sal, leche mezclada con veneno o arroz seco sin descascarar que les perforan la tráquea. Ahora, en general, se emplean métodos modernos para evitar que los detecten, como la inducción de una diarrea grave con unas gotas de alcohol o envolver a la recién nacida en una toalla mojada para causarle neumonía.

❏ En Rajastán, norte de la India, existen pueblos enteros donde el nacimiento de niñas se ha prohibido por años. «A las niñas las entierran en el desierto y nadie del clan pregunta sobre la recién nacida ni llora su pérdida», confirmó un oficial de policía. La proporción desequilibrada de sexos resultante ha dado lugar al intercambio de esposas en Rajastán y otros estados.

❏ *En épocas recientes, solo un puñado de madres ha recibido cadena perpetua por infanticidio;* mientras otras cumplen condenas de seis meses a tres años. No obstante, la decisión casi siempre la toma el esposo o la familia política; ella es tan víctima como su bebé y no tiene más remedio que obedecer o sufrir las consecuencias.

❏ El enorme número de feticidios e infanticidios en la India indica que sigue disminuyendo la proporción entre mujeres y hombres. El promedio de 2012 es de novecientas cuarenta niñas y mil niños. Las estimaciones de la organización india de los derechos del niño, CRY, revelan que cerca de doce millones de niñas nacen en la India cada año; sin embargo, un millón de estas niñas muere antes de cumplir un año de edad.

PAKISTÁN

❏ En Pakistán va en aumento también el asesinato de bebés a manos de los padres sumidos en la pobreza. Según el portavoz de la Fundación Edhi, cada vez más cuerpos de bebés se recogen en las calles. «Diría que ha habido un incremento del cien por ciento en la última década en el número de cuerpos de bebés que encontramos. Nueve de cada diez son niñas». Agregó que en 2010 se hallaron mil doscientos diez cuerpos[1].

COREA DEL NORTE

❏ Numerosos informes de desertores de Corea del Norte apuntan a la probabilidad de que el aborto obligado y el infanticidio sean prácticas comunes en los campos de detención norcoreanos.

CHINA

China lidera el feminicidio en el mundo. En 2013, el Ministerio de Salud chino anunció que en las últimas cuatro décadas se realizaron trescientos treinta y seis millones de abortos. Una gran proporción de bebés que mueren por aborto y negligencias y asesinatos institucionalizados son niñas.

❑ El infanticidio de niñas en China se remonta a mucho antes de la República Popular. Hasta finales de siglo, muchas veces no se les ponía nombre a las hijas. En la actualidad, las nacidas en las zonas rurales quizá les den nombres como «Alidi», «Zhaodi» o «Yindi», todo lo cual significa: «Trae un hermanito». A las hijas también las llaman «gusanos en el arroz», debido a que se alimentan con lo que podrían criar los varones. En la cultura china, el hombre puede ganar más y el hijo es quien cuida de los padres en la vejez. Aunque el infanticidio femenino desapareció en gran medida durante las décadas de 1950 a 1970, resurgió en la década de 1980 después que el gobierno impusiera la política de un «un hijo». Esto también dio lugar a esterilizaciones y abortos forzados. A una mujer que tenga un hijo ilegal la pueden multar con un «pago compensatorio por la carga social» de más de veintisiete mil dólares. El gobierno prohibió oficialmente el uso del ultrasonido para determinar el sexo, pero muchos médicos lo utilizan todavía.

❑ En 2013, se lanzaron campañas en varias provincias chinas para que todas las mujeres en edad fértil se colocaran un dispositivo intrauterino (DIU), o si ya tenían dos hijos, se sometieran a la ligadura de las trompas o esterilización. Las que cumplían en determinado tiempo recibían una compensación económica; las que no lo hacían, las excluían de los servicios hospitalarios y de seguridad social, y sus hijos no podían inscribirse en la escuela[2].

❑ Por cada ciento veinte varones nacen cien niñas, el peor por ciento de género del mundo. Las predicciones indican que habrá treinta millones más de chinos que chinas en edad de casarse en 2020. Los líderes temen que esta situación dañe la estabilidad económica y social del país, y aliente el tráfico de mujeres raptadas.

OCCIDENTE

Los abortos selectivos en función del sexo no se limitan a los países asiáticos. En realidad, esta es una tendencia creciente en occidente.

❑ **Suecia:** Aquí, por ejemplo, es ilegal el aborto basado en el sexo.

❑ **Gran Bretaña:** En 2013, los miembros del parlamento le pidieron al gobierno la recopilación de estadísticas sobre el sexo de los bebés abortados después que descubrieran que en «ciertas comunidades» las mujeres casi siempre daban a luz un número mayor de niños que de niñas[3].

❑ **Estados Unidos:** Seis estudios realizados en los últimos cuatro años indican que en Estados Unidos también hay miles de niñas faltantes, muchas debido a los abortos selectivos en función del sexo, en especial entre los inmigrantes de las naciones en vías de desarrollo. Solo tres estados prohíben la práctica. La ley en contra de la discriminación prenatal, que debió prohibir tales abortos a nivel nacional, se derogó en 2012.

❑ **Canadá:** Este es el único país occidental sin protección para el nonato. Desde 1969 se abortaron más de cuatro millones de niños; este año se asesinarán a otros cien mil con el dinero de los contribuyentes. Proporciones anormales de género en comunidades con grandes cantidades de indios, junto con el aumento de las pruebas de determinación del sexo, también apuntan a la existencia de abortos selectivos por sexo[4].

PASOS A SEGUIR

❑ En 2011, la ONU estableció el 11 de octubre como el «Día Internacional de la Niña», a fin de promover la vida de las pequeñas en todo el mundo. Infórmate más en *dayofthegirl.org* y preséntales esta tarea a las personas que conoces.

❑ Apoya campañas. Manifiesta tu oposición a la política del hijo único de China y al infanticidio en India apoyando campañas como las de la Sociedad para la Protección del Niño no nacido, Derechos de Mujeres sin Fronteras y la Campaña de las 50 Millones de Desaparecidas. Las direcciones de internet aparecen en el Apéndice 2 bajo «Infanticidio femenino».

> *«Tú creaste mis entrañas; me formaste en el vientre de mi madre [...] Tus ojos vieron mi cuerpo en gestación: todo estaba ya escrito en tu libro; todos mis días se estaban diseñando, aunque no existía uno solo de ellos».*
>
> SALMO 139:13-16

Notas
1. http://tribune.com.pk/story/105019/infanticide-on-the-rise-in-pakistan-statistics/
2. http://www.christiannewswire.com/news/6515972254.html
3. http://www.christianconcern.com/our-concerns/abortion/mps-urge-government-tomonitor-gender-of-aborted-babies
4. http://www.nationalreviewofmedicine.com/issue/2007/09_15/4_policy_politics02_15.html#top

SOS: DESIGUALDADES DE GÉNERO

> Las estadísticas dejan claro que en ninguna región del mundo las mujeres y los hombres son iguales en derechos legales, sociales o económicos.

Estas páginas hacen mención a las disparidades entre hombres y mujeres, excepto en aspectos tales como la salud y la educación, los cuales se abordaron en otras secciones.

ÍNDICE DE DESIGUALDAD DE GÉNERO

El Informe del Desarrollo Humano de la ONU incluye un índice de desigualdad de género, el cual mide a las naciones según la desigualdad entre hombres y mujeres en aspectos como salud reproductiva, integración social y participación en el mercado laboral. La investigación más reciente revela que el país con la mayor brecha de género es **Yemen,** seguido por **Afganistán, Níger, Arabia Saudí, República Democrática del Congo, Liberia, República Centroafricana y Malí.**

PARTICIPACIÓN POLÍTICA

Las mujeres siguen sin suficiente representación en la mayoría de los países del mundo. En el momento de esta publicación, un promedio de uno de cada cinco miembros de los parlamentos nacionales son mujeres, siendo los estados árabes los que tienen menor cantidad, seguidos por los de la zona del Pacífico. Las mujeres en los países nórdicos poseen la más alta representación. Es muy probable que a las ministras las elijan o designen para prestar servicios sociales en lugar de los departamentos ejecutivo, político, económico o jurídico del gobierno.

La disparidad es más obvia cuando se considera la cantidad de candidatas que se postulan para cargos locales o nacionales. En **Armenia,** por ejemplo, solo eligieron nueve mujeres de un total de trescientos noventa y siete cargos de alcalde o jefe de gobierno en 2012. En las elecciones generales de **Kenia** en 2013, varias candidatas desistieron de la carrera electoral después que los contrincantes hombres usaran violencia física y psicológica para intimidarlas. Las mujeres en **Pakistán** debieron desafiar las amenazas de muerte de los talibanes para postularse a las elecciones generales en 2013, aun cuando la posibilidad de ganar era escasa. Un cuerpo constitucional en **Irán** decretó que las mujeres no pueden postularse a elecciones presidenciales.

En 2013, de ciento ochenta y nueve gobiernos, las mujeres solo tenían trece de los cargos más altos en el país. Salvo algunas excepciones y a pesar de la cultura machista, las mujeres en **América Latina** están avanzando en la escala política con más jefas de estado que cualquier otra región.

SALARIOS Y OPORTUNIDADES DE EMPLEO

«Las mujeres constituyen las dos terceras partes de la fuerza laboral en el mundo, pero ganan una décima parte de los ingresos del mundo y ocupan solo el uno por ciento del total de activos».
Barber B. Conable Jr., expresidente del Banco Mundial

❑ Los salarios nominales de las mujeres promedian un diecisiete por ciento por debajo al de los hombres [UNIFEM: Fondo de Desarrollo de las Naciones Unidas para la Mujer].

❑ Hay una relación directa entre el aumento de la participación laboral femenina y el crecimiento económico. Se estima que si las tasas de empleo remunerado de las mujeres se plantearan al mismo nivel que las de los hombres, el PIB de Estados Unidos sería un nueve por ciento más alto; el de la eurozona superaría el trece por ciento, mientras que en Japón se incrementaría a un dieciséis por ciento [ESCAP].

❑ **Países árabes:** En los **países árabes,** solo el veintiocho por ciento de las mujeres forma parte de la fuerza laboral [WORLDBANK].

❑ **Estados Unidos:** Un estudio de las cuatrocientas compañías más grandes de California reveló que los hombres siguen teniendo más o menos nueve de cada diez puestos directivos y administrativos mejores pagados[1]. En 2012, la proporción de la media de ganancias semanal a tiempo completo fue de 80,9 %, un descenso de más de un punto porcentual desde 2011 cuando la proporción era del 82,2 %. Esto corresponde a una brecha salarial semanal de género de 19,1 % para 2012. Las ganancias medias semanales de las mujeres en 2012 fueron de USD $ 691.00, un descenso marginal comparado con 2011; las ganancias medias semanales del hombre fueron de USD 854.00, un crecimiento marginal comparado con el año 2011 [hoja informativa del *Institute for Women's Policy Research*].

❑ **América Latina y el Caribe:** Las mujeres con más educación que los hombres se concentran aún en trabajos de menores ingresos tales como los sectores de enseñanza, salud y servicios. La brecha salarial ha ido decreciendo en los últimos años, pero a un ritmo que sigue siendo lento. En **México**, las mujeres en empleos pagos dedican un adicional de treinta y tres horas semanales a las tareas domésticas, mientras que el aporte semanal del hombre es de seis horas [UNDP][2].

❑ Las mujeres constituyen alrededor del sesenta al ochenta por ciento de la fuerza laboral de las exportaciones manufactureras en el mundo en desarrollo, pero se espera que la crisis económica mundial suma a veintidós millones de ellas en el desempleo. Cuando hay recorte de personal, las mujeres son las primeras en ser despedidas [ILO].

DESIGUALDADES EN EL ISLAMISMO

Según indica el Índice de Desigualdad de Género de la ONU (arriba), la mayoría de las peores brechas de género ocurren en los países islámicos. Un nuevo informe sobre la violencia basada en el género formulado por el Instituto Hudson de Estados Unidos para la Lista Mundial de la Persecución describe cómo una profunda falta de igualdad entre hombres y mujeres en los países musulmanes significa que todas las mujeres de estas sociedades son estructuralmente vulnerables a la violencia sistemática y a la discriminación en su vida diaria[3].

Adulterio y otras cuestiones morales

❑ **Irán:** La ley iraní dice: «La lapidación de un adúltero o adúltera se hará con el individuo introducido en un pozo cubierto de tierra; **él** hasta la cintura y **ella** hasta el pecho». Según la ley islámica, si uno puede escapar debe ser dejado libre. Es evidente que ninguna mujer podrá hacerlo si está enterrada casi hasta el cuello.

❑ **Libia:** En la Libia de Gadafi, a las niñas y las mujeres que sobrevivían a los ataques sexuales o eran sospechosas de delitos contra la moral las enviaban a «centros de rehabilitación social». Estas eran cárceles de las que no podían salir a menos que algún hombre accediera a casarse con ellas o que algún familiar las reclamara.

❑ **Emiratos Árabes Unidos:** La ley les brinda poca compensación a las víctimas de violación. Más del cincuenta por ciento de las mujeres residentes en los EAU que respondieron a una encuesta dijeron que no informarían una violación a la policía porque castigaban o amenazaban a la víctima por haber tenido relación sexual prematrimonial. El ataque en sí no se investigaría como es debido.

❑ **Kuwait:** Tanto a las mujeres como a los hombres casados que cometen adulterio los castigan con uno a dos años de prisión. Sin embargo, los hombres se enfrentan a esta pena solo cuando actúan con el conocimiento de que la mujer está casada, mientras que a las mujeres las castigan incluso si actúan sin tal conocimiento.

❑ **Afganistán:** En 2013, se encarcelaron alrededor de seiscientas mujeres y niñas afganas por «delitos morales», un cincuenta por ciento más que en el año y medio anterior. Por lo general, estos «delitos morales» involucran huir de matrimonios forzosos e ilegales de menores de dieciséis años o violencia doméstica como palizas, apuñalamiento, quemaduras, violaciones, prostitución forzada, secuestro y amenazas de «asesinato por el honor». Casi ninguno de los casos ha conducido siquiera a una investigación del abuso y mucho menos a una condena o castigo. «Escapar» o huir del hogar sin permiso no es un delito según el código penal afgano, pero el Tribunal Supremo afgano les ordenó a los jueces que traten a las mujeres y niñas que huyen como si fueran delincuentes[4].

❑ **Somalia:** Amnistía Internacional y la prensa somalí informaron en 2012 que el ejército islámico acusó a una niña de trece años de adulterio después que esta denunciara ante las autoridades a tres hombres que la violaron. Decenas de hombres la apedrearon hasta la muerte en un estadio frente a mil personas[5].

Derechos de custodia

❑ **Baréin:** En Baréin, donde el derecho de familia no está codificado, los jueces tienen el poder total para negarles a las mujeres la custodia de sus hijos por las razones más arbitrarias. A las bareiníes que tuvieron el valor para exponer y desafiar estas violaciones en 2003, las demandaron once jueces de familia por difamación[6].

❑ **Yemen:** La custodia de los hijos está muy parcializada en favor de los maridos, dado que consideran a los hombres como los guardianes naturales de los hijos, mientras que ven a las mujeres como custodias físicas, pero sin derechos legales.

Divorcio

❑ **Irán:** El artículo 1133 del código civil iraní establece: «Un hombre puede divorciarse de su esposa cuando así lo decida y no tiene que darle un aviso por anticipado».

❑ **Líbano:** Una mujer golpeada no puede presentar una demanda de divorcio por abuso sin presentar un testigo. El certificado médico que verifica el abuso no es suficiente[7].

Cielo e infierno

❑ *«Por cada mil hombres solo uno irá al infierno. Sin embargo, por cada mil mujeres solo una se encontrará en el cielo».*

❑ Mahoma dijo: *«Se me mostró el infierno y casi todos sus habitantes eran mujeres».*

Las declaraciones anteriores son *hadices*, parte de las tradiciones más que del propio Corán, pero muy respetadas, puesto que al Profeta se le atribuye que las dijo, hizo o permitió. En todos los escritos, las delicias del paraíso se les promete en su mayoría a hombres fieles. Como resultado, muchas musulmanas viven con el temor de la muerte.

Herencia

❑ *«Que la porción del hombre equivalga a la de dos mujeres».* Esta cita del Corán, sura 4:11, indica que una hija recibirá solo la mitad de la herencia de su hermano. Cuando muere el marido, la esposa recibe apenas un cuarto del legado. Si existen varias esposas, debe dividirse ese cuarto entre todas. En los **Emiratos Árabes Unidos,** las mujeres solo pueden heredar un tercio del activo mientras los hombres reciben dos tercios.

Oración y ayuno

❑ **Irán:** Las niñas iraníes de nueve años deben usar el *hiyab* (vestimenta islámica), levantarse al alba para las oraciones y no comer ni beber desde el amanecer hasta la tarde durante el mes de Ramadán. A los varones no se les exige participar del ayuno hasta los quince años.

Viajes

❑ En **Egipto** y **Baréin,** los maridos pueden presentar una queja oficial en el aeropuerto para prohibirles a sus esposas abandonar el país por cualquier razón. En **Irak, Libia, Jordania, Marruecos, Omán** y **Yemen,** las mujeres casadas deben tener el permiso escrito de sus maridos para viajar al exterior y pueden prohibírselo por cualquier motivo. En **Arabia Saudí,** las mujeres deben obtener un permiso escrito de su pariente varón más cercano para abandonar el país o para viajar en transporte público por distintas zonas del reino[8]. A las mujeres saudíes no se les permite tener licencias de conducción.

El velo y las restricciones en la vestimenta

El Corán no exige que las mujeres estén cubiertas por completo con el velo ni aisladas. Cada cultura musulmana les impone su propio código de vestimenta a las mujeres, desde un sencillo pañuelo en la cabeza hasta el manto que las cubre de pies a cabeza o burka, como los que se llevan en **Afganistán** y **Yemen**. Las mujeres más conservadoras también usan guantes. Lo paradójico es que nada se dice de la modestia entre los hombres, si bien el profeta Mahoma enseñó que deben cubrirse «desde el ombligo hasta las rodillas». Entre los tuaregs del norte de África son los hombres, y no las mujeres, los que cubren su rostro con un velo para que el enemigo no sepa lo que está pensando. Las mujeres, según estos hombres, ¡no tienen nada que ocultar! Por otro lado, la mayoría de los musulmanes no tiene en cuenta las costumbres de este grupo, dado que «tuareg» en árabe significa «los abandonados de Dios».

❑ **Arabia Saudí:** Las saudíes pueden sufrir castigos corporales de la policía religiosa si no están cubiertas por completo. Las reglas para la vestimenta femenina son tan estrictas que, en 2002, la policía religiosa les impidió a las alumnas huir de su escuela en llamas porque no llevaban los velos y los mantos adecuados. Un testigo dijo que vio a tres policías golpeando a las estudiantes que trataban de escapar. Quince niñas murieron en el incendio[9].

❑ Se denunciaron varios casos de mujeres a las que extremistas les arrojaron ácido a la cara sin velo en zonas de **Pakistán** y **Afganistán.** Hace poco, en los trenes y autobuses **egipcios,** musulmanas vistiendo su hiyab atacaron a niñas coptas con unas tijeras cortándoles el cabello debido a que no llevaban velo. Mientras que muchas musulmanas defenderían el velo, otras lo deplorarían al verse obligadas a cubrirse.

❑ **Irán:** El artículo 102 de la Constitución de Irán dice: «A las mujeres que salgan a la calle y estén en público sin el "hiyab islámico" reglamentario, se condenarán a setenta y cuatro latigazos».

Derecho al voto

❑ **Kuwait:** En 2005, las kuwaitíes por fin tuvieron derecho al voto por primera vez en la historia de ese país.

❑ **Emiratos Árabes Unidos:** En 2006, se les permitió por primera vez el voto tanto a hombres como mujeres.

❑ **Arabia Saudí:** Después de posponer el sufragio femenino en 2009 y de nuevo en 2011, el rey Abdalá anunció en 2013 que las saudíes podrían votar y que en 2015 podrían presentarse como candidatas en las elecciones municipales.

❑ **Pakistán:** Alrededor de diez millones de mujeres pakistaníes no están registradas para votar, debido a que casi ninguna tiene documentos de identidad.

Testigos

En la mayoría de los tribunales de justicia de la *sharía* (ley islámica), el testimonio de una mujer solo tiene la mitad del valor de un hombre; por lo tanto, se requiere el testimonio de dos testigos mujeres por cada varón. Además, el testimonio de un cristiano vale la mitad que el de un musulmán.

Otros derechos

A las **kuwaitíes** se les sigue prohibiendo ser jueces y unirse a las fuerzas militares, tienen derechos desiguales en el matrimonio y no se les permite transferirles su nacionalidad a sus hijos ni a sus esposos extranjeros. Tampoco hay igualdad de derechos en las leyes que regulan la seguridad social, las pensiones y la herencia.

«Por eso el SEÑOR los espera, para tenerles piedad; por eso se levanta para mostrarles compasión. Porque el SEÑOR es un Dios de justicia. ¡Dichosos todos los que en él esperan!»

ISAÍAS 30:18

Notas
1. http://gsm.ucdavis.edu/innovator-article/glass-ceiling
2. http://www.iadb.org/en/news/webstories/2012-10-15/wage-gap-between-men-andwomen,10155.html
3. http://www.worldwatchmonitor.org/research/2533678
4. http://www.hrw.org/news/2013/05/21/afghanistan-surge-women-jailed-moral-crimes
5. http://www.huffingtonpost.com/2008/11/02/13yearold-rape-victim-sto_n_140242.html
6. http://forums.canadiancontent.net/international-politics/61857-womens-rightsmiddle-east.html
7. *Ibíd*
8. *Ibíd*
9. http://news.bbc.co.uk/1/hi/1874471.stm

11

SOS: NIÑAS SOLDADOS

> Decenas de miles de niñas se cuentan entre los cerca de trescientos mil niños en todo el mundo que luchan en conflictos armados en cualquier momento. Algunos llevan armas de asalto automáticas por completo a los siete u ocho años de edad.

A los niños se les llama a veces «soldados invisibles», pues los gobiernos niegan su existencia. Los mantienen fuera de la atención de los medios y a menudo terminan desapareciendo: muertos, mutilados o abandonados. La gran mayoría de los niños soldados están en las filas de los grupos armados no gubernamentales o rebeldes.

Una niña de catorce años secuestrada para servir en un grupo rebelde de Sierra Leona dijo: «He visto personas con sus manos amputadas, a una niña de diez años violada, que luego murió, y a muchos hombres y mujeres quemados vivos [...] Muchas veces lloré para mis adentros porque no me atrevía gritar fuerte»[1].

¿Por qué las niñas?

Tanto los niños como las niñas son casi siempre útiles para cocinar, traer agua y lavar la ropa del ejército. Además, cargan el equipamiento y las provisiones, y pueden usarse como escudos humanos. Alrededor del cuarenta por ciento de los soldados menores de edad son niñas. Con regularidad, a estas adolescentes las violan y las entregan a los rebeldes como esposas o esclavas sexuales.

Un creciente número de niñas entra en combate real. El Jemer Rojo de Camboya las pone al frente para que reciban lo peor de los combates. También envían a las niñas a territorio enemigo para que actúen como detectores humanos de minas o espías.

Susan, una ugandesa secuestrada de 16 años de edad, habló de su experiencia: «Un muchacho trató de escapar, pero lo atraparon [...] Tenía las manos atadas e hicieron que nosotros, los otros nuevos cautivos, lo matáramos con un palo. Me sentí muy mal. Conocía al muchacho. Éramos de la misma aldea. Me negué a matarlo y me dijeron que me iban a disparar. Me apuntaron con un arma, así que tuve que hacerlo. El muchacho me preguntaba: "¿Por qué haces esto?". Le respondí que no tenía alternativa. Después que lo matamos, nos obligaron a untarnos los brazos con su sangre [...] Nos dijeron que teníamos que hacer esto para que no le temiéramos a la muerte y para que no intentáramos escapar [...] Todavía sueño con el muchacho de mi pueblo que maté. Lo veo en mis sueños, y él me habla y me dice que lo maté por nada, y me echo a llorar»[2].

¿Cómo reclutan a las niñas?

Algunos gobiernos obligan a los menores de dieciocho años a servir en las fuerzas armadas. Estos incluyen a países que firmaron el Protocolo Facultativo de la ONU en contra de esta práctica en 2002 (consulta la referencia abajo). Gran cantidad de países, en los que se incluyen Australia y Canadá, aceptan voluntarios de diecisiete años. A los varones en Bolivia los pueden reclutar a partir de los catorce años y gran parte de las fuerzas armadas de este país tienen a menores de dieciocho años. La milicia yemení y la facción al Qaeda de Irak hace mucho que reclutan niños soldados a los que llaman: «Jóvenes del cielo». La ONU también menciona a los extremistas de Al Shabab de Somalia como secuestradores de niños para usarlos en combate. En algunos lugares, les dispararon a los niños que trataban de escapar del reclutamiento[3].

❑ *Los grupos rebeldes secuestran a muchos miles* de personas de sus hogares, de las calles o los obligan. Myanmar (Birmania) es el único país asiático donde las fuerzas armadas del gobierno reclutan y utilizan niños de doce a dieciocho años. Han rodeado y reclutado a grupos enteros de escolares[4].

❏ *Los padres indigentes pueden entregarles o venderles sus hijas* a grupos armados. Según un estudio realizado en Sierra Leona, «muchas madres han expresado la alegría que les da ver a su hijo de diez años vestido con su flamante uniforme militar y portando una AK-47. Para algunas familias, el botín que los niños soldados traen al hogar las convence incluso más de la necesidad de enviar más niños al frente de guerra para incrementar sus escasos ingresos».

❏ *Un significativo número de niñas voluntarias* puede estar motivado de forma idealista o puede querer venganza por la violencia ejercida contra sus familias. Otras se ofrecen como voluntarias para escapar del abuso y la explotación en el hogar. Algunas niñas solo se alistan para obtener ropa y comida. En Sierra Leona, una pequeña miembro del ejército rebelde explicó: «Me ofrecieron zapatos y vestidos. Nunca antes tuve calzado decente»[5].

❏ *Los procedimientos inadecuados de verificación para determinar la edad de los nuevos reclutas* en algunos países también indican que es probable que haya soldados menores de edad alistados en las fuerzas de seguridad.

Las consecuencias

❏ A los niños soldados se les priva de su infancia, su interacción social normal y sus oportunidades educativas; a veces, incluso, pierden la vida. Los traumas que experimentan los dejan a menudo con culpa a largo plazo, vergüenza, baja autoestima, pesadillas y depresión. Entrenados para olvidar el hogar y la familia, algunos nunca encuentran su camino de regreso a sus aldeas. Es probable que a las niñas las rechacen por «malcriadas», ya sea que las reclutaran o no por la fuerza.

❏ A los niños heridos en combate los pueden abandonar o no recibir el tratamiento médico adecuado. La pérdida de extremidades o la sordera y la ceguera son los más comunes. A un gran número de niñas víctimas de violencia sexual quedan con sida o con otras enfermedades. Algunas deben hacerse cargo de los hijos que dieron a luz y que también están estigmatizados. Pocos países cuentan con un programa de reinserción adecuado para ex niños soldados y no están equipados para hacerle frente a tales problemas masivos.

❏ **Sudán:** Se le reconoce por tener uno de los peores registros de los niños soldados, el reclutamiento forzado de miles de tan solo 12 años. Un informe de 2011 por el *National Council for Child Welfare* dice que el Ejército de Liberación del Pueblo de Sudán (ELPS) les secuestró recientemente novecientos niños a sus familias y los envió a campos de entrenamiento militar. En los años siguientes a la firma del acuerdo de paz en 2005, se liberaron tres mil niños; el ejército se comprometió a liberar a los miles restantes en 2014[6].

❑ **Uganda:** El noventa por ciento del mal llamado «Ejército de Resistencia del Señor» (ERS) del norte de Uganda, liderado por Joseph Kony, está compuesto por menores de edad, y más de un tercio de estos son niñas. Durante los últimos veinticinco años, se han secuestrado de forma sistemática más de treinta mil niños. En 2003, cuarenta y cinco niños se ahogaron cuando se vieron obligados a meterse en un río para comprobar su profundidad. Al menos secuestraron a quinientos noventa y un niños más entre 2009 y 2012, y el reclutamiento sigue constante[7].

❑ **Mali:** Los islamistas en la nación africana de Malí están comprando los niños para que sirvan como soldados, pagándoles a las familias seiscientos dólares por niño, según un funcionario de las Naciones Unidas[8]. En 2012, el Ejército Nacional del reclutó enormes cantidades también.

❑ **República Centroafricana:** La UNICEF expresó su preocupación por el creciente número de casos de niños reclutados por los rebeldes y las milicias pro gubernamentales en la República Centroafricana en 2013. Incluso, antes de que comenzara la última escalada de violencia en el país, más de dos mil quinientos niños formaron parte de los grupos armados.

❑ En América Latina, **Colombia** cuenta con hasta catorce mil niños alistados en los grupos militantes, y un cuarto de estos son niñas. En **Sri Lanka**, a las pequeñas niñas tamiles, a menudo de orfanatos, las reclutaron de forma sistemática por los guerreros de la oposición tigres tamiles desde mediados de 1980. Y en **Nepal**, tanto las fuerzas de gobierno como los maoístas armados reclutaron, secuestraron y torturaron niños.

❑ En febrero de 2013, el presidente de **Estados Unidos**, Barack Obama, anuló de manera oficial la Ley de Protección de Niños Soldados (CSPA, por sus siglas en inglés) de 2008. Esta ley se aprobó por unanimidad en el Congreso como un elemento de disuasión para la venta de armas en países determinados por el Departamento de Estado como los peores abusadores de niños soldados en el ejército. Según la CSPA, era un delito federal reclutar o usar soldados menores de quince años. Le daba a Estados Unidos la autoridad para procesar, deportar y negarle el ingreso a quien hubiera reclutado niños soldados y, además, prohibía que se exportaran armas y suministros militares a países que admitieran niños soldados en sus filas.

A pesar de esto, la administración Obama retiró las sanciones contra ciertos países en 2010 y de nuevo en 2011. Su último memorando establecía que no competía a los intereses nacionales de Estados Unidos proceder con esto [CSPA], y por lo tanto, anuló la aplicación de esta ley con respecto a determinados países como Libia, Sudán del Sur, Yemen y, de manera parcial, en el caso del Congo[9].

SOS

PASOS A SEGUIR

❏ **Campaña: «Zero under 18» (o «Nadie menor de 18»)**[10]**:**
En 2010, la Oficina de la Representante Especial del Secretario General para la cuestión de los niños y los conflictos armados, junto con socios de las Naciones Unidas, pusieron en marcha una campaña para lograr la ratificación universal del Protocolo Facultativo de la Convención sobre los Derechos del Niño relativo a la participación de los niños en los conflictos armados (OPAC, por sus siglas en inglés). Uno de los objetivos es el de promover entre los estados miembros que se fije la edad mínima para el reclutamiento voluntario a un mínimo de dieciocho años. Para obtener más información, incluyendo los países que no han firmado o no han ratificado este protocolo, visita la página web de la campaña en http://childrenandarmedconflict.un.org/es/nuestro-trabajo/nadie-menor-de-18/. Si tu gobierno no ha firmado, escríbeles a tus representantes.

❏ Dale un vistazo a las ideas de recaudación de fondos a fin de ayudar a las niñas a que se quiten el uniforme y regresen a las escuelas en www.warchild.org.uk.

«¿Hasta cuándo, Señor, vas a tolerar esto? Libra mi vida, mi única vida, de los ataques de esos leones».

SALMO 35:17

Notas

1. Niñas con armas: Un programa sobre los niños soldados para «Beijing más cinco», coalición para detener el uso de niños soldados, Reino Unido. http://www.essex.ac.uk/armedcon/themes/child_soldiers/index.html
2. *Ibíd*
3. http://www.child-soldiers.org/global_report_reader.php?id=97
4. http://www.amnesty.org.nz/files/Child-soldiers-factsheet.pdf
5. http://www.lalkar.org/issues/contents/jul2000/Sierraleone.htm
6. http://learningenglish.voanews.com/content/south-sudans-army-promises-to-release-child-soldiers-142998905/608797.html
7. http://smallwarsjournal.com/jrnl/art/youth-lost-ugandan-child-soldiers-in-the-lord%E2%80%99s-resistance-army
8. http://www.havocscope.com/price-to-buy-child-soldier-in-mali/
9. http://es.mnnonline.org/news/ee-uu-retira-las-sanciones-a-los-paa%C2%ADses-que-utilizan-nia%C2%B1os-soldados/
10. http://childrenandarmedconflict.un.org/es/nuestro-trabajo/nadie-menor-de-18/

12

SOS: NIÑAS EN LAS CALLES

Al menos ciento cincuenta millones de niños viven y trabajan en las calles. Se pueden encontrar tanto en los países en desarrollo como en los desarrollados. Se refugian bajo puentes, en vertederos, estaciones de tren, edificios abandonados y parques de nuestras principales ciudades. Pueden tener relaciones familiares o estar abandonados y echados a la calle por demasiadas bocas que alimentar, ser huérfanos por la guerra o por desastres naturales. Muchas veces huyen de situaciones malas solo para enfrentar lo peor: violencia policial, trata, trabajo o sexo forzoso, exposición a VIH y otras infecciones, drogas y pandillas. Sin educación, sin protección y siendo explotados, la esperanza media de vida de un niño en la calle es de cuatro años.

Turismo sexual

Si eres un empresario que asiste a una conferencia en Viena o estás de vacaciones en Tailandia, México y la mayoría de otras partes del mundo, los servicios sexuales se pueden incluir en el paquete hotelero. La involucración en el Turismo Sexual Infantil (TSI) en otro país ofrece anonimato y acceso a pareja sexual menor de edad. Es más, el promedio de edad de las víctimas sigue bajando; incluso, involucra a niños pequeños, hasta bebés. Las niñas de las calles son blanco fácil. En las zonas turísticas de la costa de la República Dominicana, los turistas sexuales llegan durante todo el año desde los Estados Unidos y Europa. Costa Rica tiene un estimado de diez mil a veinte mil mujeres y jovencitas que les dan servicios entre veinticinco mil y cincuenta mil turistas sexuales cada año de América del Norte. En vez de eliminar esta industria muy rentable, el gobierno legalizó la prostitución. El sur de Asia ha sido durante mucho tiempo un destino predilecto del TSI, y África está también viendo la afluencia de turistas europeos que buscan sexo con niños. En algunos casos, los clientes filman los episodios de explotación para venderlos como pornografía infantil. Algunos gobiernos se están ocupando del problema. Brasil, por ejemplo, implementó una campaña de concienciación nacional e Italia les exige a los operadores turísticos que les informen a los viajeros sus leyes relacionadas al abuso sexual de niños. Sin embargo, la creciente popularidad del turismo sexual continúa atrapando a cientos de miles de niñas menores en las calles cada año.

Huérfanos del sida
La ONUSIDA estima que existen dieciséis mil seiscientos millones de niños huérfanos por el sida, donde el noventa por ciento vive en el África subsahariana. Muchos de estos niños se quedan sin hogar y se ven obligados a abandonar la escuela. Las adolescentes que asumen la responsabilidad de sus hermanas menores, a menudo se vuelcan al «sexo de supervivencia» para mantenerlas. Las niñas huérfanas son tres veces más vulnerables a contraer VIH que las niñas con padres. También corren más riesgo de ser víctimas de abuso.

A nivel mundial, casi el cincuenta por ciento de los ataques sexuales son contra niñas de quince años o menos [OMS].

«Refugios» de niños
En realidad, las niñas que no están en las calles sino en centros de asistencia establecidos para protegerlas, también corren peligro. Un reciente informe del *Asian Center for Human Rights* sobre los «India's Hell Holes»[1] declara que durante la década de 2001 a 2011 se violaron a más de cuarenta y ocho mil niños en hogares de justicia juvenil, refugios y orfanatos. Se desconoce la cifra real, puesto que muchos casos no se informan a la policía. Algunos de los ataques tienen lugar en hogares privados o administrados por una ONG, otros en dependencias del gobierno. En estos, los perpetradores eran miembros del personal,

incluyendo guardias de seguridad, cocineros, choferes, así como internos mayores y desconocidos. A pesar de ser una exigencia, en la India existen cientos de hogares de niños sin registrar. Las inspecciones casi no existen, permitiendo que proliferen el abuso y la negligencia. Para las víctimas no hay salida.

Este tipo de explotación no está limitado a la India. En el año 2013 en Oxfordshire, Inglaterra, se descubrió una red sexual que atacaba a niñas de once y doce años en hogares infantiles. Las sacaban de allí y las violaban en grupo para luego enviarlas a trabajar en la prostitución[2].

PANORAMA MUNDIAL

LAS AMÉRICAS

❏ **Estados Unidos:** Cada año, dos mil ochocientos millones de adolescentes huyen de sus casas. Dentro de las veinticuatro horas de estar en la calle, un tercio cae en la prostitución o la pornografía. El Centro Nacional para Menores Desaparecidos y Explotados estima que una de cada cinco niñas es atacada sexualmente antes de alcanzar la adultez. Menos del treinta y cinco por ciento de los casos se denuncian a las autoridades.

❏ **Canadá:** Los que huyen de su casa son solo una parte de la población de menores «sintecho», que también incluye a los que viven en refugios con su madre o ambos padres. Un creciente número de los «sintecho» caen en manos de proxenetas. En ciertas zonas de la Columbia Británica, la juventud aborigen representa la mayoría de los niños que trabajan en el comercio sexual.

Se calcula que *cincuenta millones de niños de la calle* viven en América Latina. Muchos son víctimas de abuso, incluso asesinato, por parte de la policía y otras autoridades o individuos que se supone deban protegerlos.

❏ **Brasil** solo tiene alrededor de siete millones de niños en las calles. Los «escuadrones de la muerte», compuestos por expolicías o policías en funciones, asesinaron de forma deliberada a cientos de niños como un método de limpieza social[3].

❑ **Bolivia:** Aquí el sesenta por ciento de los niños de las calles abandonaron sus hogares debido a la violencia (UNICEF).

❑ **Colombia:** La UNICEF y otros grupos en colaboración estiman que existen entre veinte mil y treinta y cinco mil víctimas de explotación sexual en Colombia, con extranjeros que visiblemente buscan menores en las calles.

❑ **Guatemala:** El noventa por ciento de niñas y niños de las calles en Guatemala han tenido contacto con las drogas, y han sido víctimas de alguna forma de abuso sexual (Conociendo).

❑ **México:** Se cree que dieciséis mil niños mexicanos son víctimas de explotación sexual (ECPAT, por sus siglas en inglés de «Acabar con la Prostitución Infantil, la Pornografía Infantil y el Tráfico de Niños con fines Sexuales»).

❑ **Perú:** Alrededor de doscientos cincuenta mil niños trabajan en las calles de la ciudad, y el seis por ciento tiene menos de seis años. El noventa y siete por ciento de los niños consumen drogas (Consorcio para Niños de la Calle). Hasta diez mil niños desfavorecidos y de la calle mueren al año en la ciudad de Lima.

❑ **Honduras:** De los ciento cuarenta y tres niños «sintecho» entrevistados en Honduras, el 100 % padecía de al menos una enfermedad de transmisión sexual y el 48,1 % fue víctima de abuso sexual a manos de un miembro de su familia. (Consorcio para Niños de la Calle).

❑ **El Salvador:** Alrededor del cuarenta y cuatro por ciento de las mil trescientas prostitutas en las tres principales zonas rojas de San Salvador tienen entre trece y dieciocho años (Niños de la calle).

EUROPA

Medio millón de niñas y mujeres de Europa central y oriental son prostitutas en las naciones de la Unión Europea.

❑ Los traficantes obtienen una rápida fuente de niñas entre las «graduadas» de los orfanatos de **Europa oriental.** Como deben valerse por sí mismas cuando alcanzan los dieciséis o diecisiete años, estas niñas no suelen tener las habilidades para enfrentar la vida ni para hallar trabajo. Dentro de las cuarenta y ocho horas de estar en la calle, a la mayoría la captan las mafias rusa o turca. Según las estadísticas, el noventa por ciento de las niñas se prostituirá, casi todas en contra de su voluntad.

❑ Las pandillas de delincuentes obligan a miles de niños y niñas **romaníes** pobres a fin de que vayan a las calles en toda Europa para mendigar o robar. La policía de Madrid afirma que el noventa y cinco por ciento de los niños menores de catorce años que atrapan robando en las calles son romaníes [gitanos] de Rumanía[4].

❑ **Rusia:** Este país tiene alrededor de un millón doscientos mil niños de la calle. Un gran número acepta trabajos peligrosos para sobrevivir. Viven en áticos y sótanos, y durante los duros inviernos se refugian bajo tierra en tuberías, e inhalan pegamento para mantener el calor y ahuyentar el hambre. A los once años, casi todos estos niños y niñas son adictos a las drogas. El ocho por ciento padece enfermedades o trastornos mentales. Rusia presenta una grave expansión de los índices de infección por VIH, principalmente por inyectarse drogas; lo que implica que miles de niños de la calle estén también infectados y sin tratamiento.

❑ **Ucrania**: La pobreza, el alcoholismo y la violencia doméstica han sentenciado al menos a ciento sesenta mil niños a vivir en las calles. La mayoría de los niños «sintecho» tiene uno o más familiares que no quieren asumir la responsabilidad sobre ellos o no pueden hacerlo.

❑ **Rumania**: La UNICEF estima que trescientos cincuenta mil niños están abandonados por al menos uno de sus padres que se fue en busca de un mejor trabajo en occidente. Miles de estos «huérfanos por migración» viven en **Moldavia**. En ocasiones, los padres deciden quedarse en occidente e incluso vuelven a casarse. Los niños abandonados en condiciones de pobreza y hacinamiento sin demasiada supervisión de un adulto, acaban pasando la mayor parte de su tiempo en las calles. Son muy vulnerables a la explotación que incluye el turismo sexual y la trata.

❑ **Francia**: La organización humanitaria *France Terre d'Asile* estima que alrededor de seis mil niños extranjeros, muchos de Afganistán y Bangladés, arriesgan la vida al viajar de forma ilegal a Francia cada año. La mayoría aparece por París con la expectativa de trabajar y enviarle dinero a su familia. Dado que esto es ilegal, corren el riesgo de involucrarse en el mercado negro o sobrevivir de limosnas[5].

❑ **Alemania**: Alrededor de veinte mil niños y jóvenes viven en las calles, al menos por un tiempo. En uno de los países más ricos de Europa, la pobreza afecta a uno de cada seis niños, según las estadísticas de la Sociedad Alemana para la Protección de los Niños, y este es uno de los factores. Sin embargo, algunos niños huyen de la violencia doméstica o del rechazo en los hogares ricos[6].

❑ **Grecia**: La fusión económica ha ocasionado que a un creciente número de niños griegos los arrojaran a las calles por sus propios padres que no pueden permitirse cuidarlos. Además, hay cientos de niños inmigrantes sin hogar. Otros niños son objeto de la trata a Grecia, sobre todo de Albania y Rumania, a fin de que trabajen para sus amos. La participación de menores en el comercio sexual se ha triplicado en la última década. La prostitución es legal.

❑ **Gran Bretaña**: Cada cinco minutos un niño huye de su casa. La mayoría de los cien mil menores de dieciséis años que abandonan su hogar cada año huyen del rechazo o del abuso. Nadie sabe la cantidad exacta debido a que tratan de mantenerse en el anonimato. El Reino Unido solo tiene unos pocos refugios a los que los niños menores de dieciséis años pueden entrar sin una autoridad que los recomiende. Niñas de apenas once y doce años las han recogido y esclavizado para fines de prostitución.

ASIA

Asia siempre ha sido un importante centro de turismo sexual y explotación de menores.

❑ **Filipinas:** Uno de los destinos preferidos de los turistas sexuales de Europa y Estados Unidos. Se calcula que un millón y medio de niños de la calle son carteristas, mendigos, traficantes de drogas y prostitutos. Solo en la Gran Manila, alrededor de veinte mil niñas son víctimas de esto último (ECPAT).

❑ **Australia**: Tres mil niños trabajan en la industria del sexo, algunos tienen apenas diez años de edad. Las niñas trabajan en burdeles, como acompañantes, prostitución en las calles, pornografía, sexo a cambio de favores y nudismo. El turismo sexual y la pedofilia son problemas graves.

❑ **Vietnam:** Se calcula que entre el quince y el veinte por ciento de los niños de la calle son VIH positivos (Consorcio para Niños de la Calle).

❑ **Camboya:** Un estudio estima que hay mil niños viviendo en las calles de Nom Pen; otros quince mil viven en casas, pero pasan seis o más horas diarias buscando en la basura para obtener dinero para sus familias. Alrededor del ochenta y ocho por ciento de los niños vulnerables había tenido relaciones sexuales con los turistas, dado que la prostitución les da más dinero en menos tiempo. Las niñas en Camboya no duran mucho tiempo en las calles: pronto las venden para los burdeles (Consorcio para Niños de la Calle).

❑ **Nepal:** Solo alrededor del cinco por ciento de los cinco mil niños de la calle de Nepal son niñas y su trabajo es casi siempre cuidar de los más pequeños.

En Pokhara, el noventa por ciento de estas niñas resultó ser víctima de abusos sexuales por los propietarios de hoteles y restaurantes, personas en sus lugares de trabajo, los niños de más edad en sus grupos, amigos y otra gente del lugar (*Plan International*).

❑ **India**: De los *diez millones* de niños de la calle, uno de cada diez son niñas. Muchos de ellos morirán de sida o solo «desaparecerán».

ÁFRICA

❑ **Sudáfrica:** La mayoría de los niños de la calle en Sudáfrica tiene entre trece y dieciséis años. La policía de Durban halló niñas de doce años prostituyéndose.

❑ **Egipto:** Se calcula que alrededor de un millón de niños viven en las calles egipcias, sobre todo en El Cairo y Alejandría, casi siempre debido al abuso en el hogar (Consorcio para Niños de la Calle).

❑ **Senegal:** Se estima que unos veinte mil niños son enviados como mendigos por sus maestros musulmanes del Corán en la región de Dakar[7].

❑ **República Democrática del Congo:** A pesar de sus vastos recursos naturales y riquezas potenciales, este es uno de los países más pobres de África. De casi doscientos cincuenta mil niños y niñas en las calles, setenta mil viven en Kinshasa, la ciudad capital. Algunos huyeron de su casa por trato abusivo, mientras que a otros los reclutaron para luchar en grupos rebeldes y luego los dejaron abandonados[8].

❑ **Kenia:** Se estima que entre doscientos cincuenta mil y trescientos mil niños viven en las calles, y un informe de UNICEF indica que un sorprendente treinta por ciento o más entre doce y dieciocho años participa del negocio del turismo sexual. Alrededor de treinta mil niñas de entre doce y catorce años son explotadas sexualmente en hoteles y villas privadas (ECPAT).

❑ **Nigeria:** A muchos niños en el delta del Níger los han acusado de brujería en estos últimos años. Más del noventa y cinco por ciento de los niños de la calle en el estado de Akwa Ibom está estigmatizado como «brujos» por los pastores y abandonado por sus padres para que vivan en la calle. Estos niños a menudo los golpean, torturan y sufren abuso sexual a manos del público y la policía[9].

SOS

PASOS A SEGUIR

❑ El **Día Internacional de los Niños de la Calle** se celebra
todos los años el 12 de abril. ¿Por qué no utilizar este día para
llamar la atención sobre la falta de derechos de los niños en la calle? El **Fin de
Semana Mundial de Oración por la Niñez en Riesgo** de Red Viva es otra
oportunidad, que se celebra cada año durante el primer fin de semana de junio.
Viva está ayudando a las organizaciones de la red de manera más eficaz. Consulta
el Apéndice 2 para los sitios web y las maneras en que puedes participar.

*«Quien cierra sus oídos al clamor del pobre, llorará
también sin que nadie le responda».*

PROVERBIOS 21:13

Notas

1. http://www.achrweb.org/reports/india/IndiasHellHoles2013.pdf
2. http://www.independent.co.uk/voices/comment/how-could-so-many-years-of-horrendous-abuse-go-unnoticed-in-this-case-the-guilt-extends-way-beyond-oxford-sex-traffickers-8617339.html
3. http://www.independent.co.uk/news/world/americas/death-to-undesirables-brazils-murder-capital-1685214.html
4. http://news.bbc.co.uk/1/hi/8226580.stm
5. http://www.cnn.com/2012/05/17/world/europe/afghan-street-kids-in-paris
6. http://www.expatica.com/de/news/local_news/Growing-number-of-street-children-in-Germany_-report-says--_3618.html
7. http://www.globalgiving.org/projects/unite-and-educate-10-street-kids-in-dakar-senegal/
8. http://www.asafeworldforwomen.org/partners-in-africa/partners-in-drc/cofapri/cofapri-blogs/1749-drc-street-children.html
9. http://www.steppingstonesnigeria.org/street-children.html

13

SOS: SALUD Y
EXPECTATIVA DE VIDA

En las zonas pobres, la salud de mujeres y niñas ocupa a veces el último lugar en la lista de prioridades de la atención del gobierno. La expectativa de vida se acorta de manera considerable para los millones que nacen en países en desarrollo, debido en gran medida a los siguientes problemas evitables.

FALTA DE ACCESO A AGUA POTABLE

Según la ONU, setecientos ochenta y tres millones de personas en el mundo viven sin el privilegio del agua potable. Las enfermedades relacionadas con el agua son la segunda causa de muerte de los niños que pierden la vida cada ocho segundos. Cerca de cinco millones de hombres, mujeres y niños mueren cada año después de beber agua contaminada. Estas son algunas de las posibles consecuencias:

❑ *Esquistosomiasis* [también llamada *bilarciasis*]: Esta es una enfermedad parasitaria causada en gran parte por el agua superficial infestada, endémica en setenta y cuatro países. La Organización Mundial de la Salud (OMS)[1] informó que **doscientos cuarenta y tres millones de personas** necesitaban tratamiento para esta enfermedad en 2011. Unos veinte millones padecieron graves consecuencias como insuficiencia renal o cáncer de vejiga.

❑ *Tracoma:* Infección de los ojos que ha cegado a seis millones de personas. Los estudios revelan que un suministro adecuado de agua puede reducir las infecciones de tracoma en un **veinticinco por ciento.**

❑ *Fiebre tifoidea:* Infección bacteriana, que afecta cada año a unos doce millones de personas, causada por la ingesta de agua o alimentos contaminados.

❑ *Fluorosis:* Es una grave enfermedad de los huesos producida por altas concentraciones de flúor que se producen en forma natural en las aguas subterráneas. Al menos, es endémica en veinticinco países del mundo y afecta a decenas de millones de personas.

Tuberculosis: En segundo lugar solo después del VIH/sida, es el mayor asesino en todo el mundo debido a un único agente infeccioso. Esta enfermedad es una de las tres principales causas de muerte entre las mujeres de quince a cuarenta y cuatro años de edad, y es la principal causa de muerte entre quienes viven con el VIH. Se estima que ocho millones setecientas mil personas se enfermaron de tuberculosis en 2011. En algunas partes del mundo, el estigma asociado con la tuberculosis también conduce al aislamiento, el abandono y el divorcio.

Paludismo: Esta enfermedad le arrebata la vida a un niño cada minuto en África, a pesar de que es prevenible y curable. También es causa de las altas tasas de aborto involuntario en mujeres embarazadas, y las tasas de mortalidad materna que van desde el diez al cincuenta por ciento. Se estima que la anemia palúdica causa unas diez mil muertes maternas cada año.

SOS

PASOS A SEGUIR

❑ Señala el Día Mundial del Paludismo [www.worldmalariaday.org] el 25 de abril y ayuda a vencer a este asesino mundial. Muéstrales informes, imágenes, vídeos y otros recursos a tus amigos, que están disponibles para su descarga desde el *Malaria Consortium* [www.malariaconsortium. org]. Apoya la campaña «*Nothing But Nets*» [«Solo un mosquitero», http:// nothingbutnets.net], un esfuerzo a fin de recaudar fondos para «enviar una red y salvar una vida».

Sarampión: Es la enfermedad más contagiosa conocida por el hombre y la principal causa de muerte infantil en los países en desarrollo, lo que representa alrededor de novecientas mil muertes al año. Sin embargo, uno de cada cuatro niños en estos países no está vacunado contra el sarampión.

NUTRICIÓN

La desnutrición mata a más personas cada año que el paludismo, la tuberculosis y el sida combinados [USAID]. Una dieta inadecuada impide el crecimiento de uno de cada cuatro niños en los países en desarrollo.

Deficiencias de vitaminas

❑ *Vitamina D: La deficiencia de esta vitamina retarda el crecimiento* del treinta por ciento de los niños en China, sur de Asia y África, según la OMS; además, les reduce su resistencia a las enfermedades y los hace vulnerables a los trastornos de salud mental. Un gran porcentaje de niños chinos y mongoles han desarrollado **raquitismo,** una enfermedad que debilita los huesos, debido a la deficiencia de vitamina D.

❑ *Vitamina A: Se estima que cada año seiscientos setenta mil niños morirán y que trescientos cincuenta mil quedarán ciegos* debido a la falta de una pequeña cantidad de vitamina A en su dieta. *Hellen Keller International* calcula que cuatro millones cuatrocientos mil niños en edad preescolar ya son ciegos por esta deficiencia, cuarenta por ciento de ellos en la India. La deficiencia de vitamina A también aumenta el riesgo de mortalidad materna.

❑ *Hierro:* Más del treinta por ciento de la población mundial, un asombroso dos mil millones de personas, están **anémicas**, sobre todo por la deficiencia de hierro. La anemia por deficiencia grave de hierro es la causa del veinte por ciento de las **muertes maternas.**

❑ *Yodo:* La deficiencia de yodo es la principal causa global de retraso mental y daño cerebral prevenibles.

MORTALIDAD INFANTIL

Cada día, **diez mil** bebés nacen muertos y diez mil recién nacidos mueren durante el primer mes. Más de nueve millones mueren cada año antes de cumplir los cinco años, más de un tercio debido a la *malnutrición*. Seis millones de estas muertes infantiles son prevenibles. En el África subsahariana, uno de cada ocho niños muere antes de cumplir cinco años; casi veinte veces más que la media en las regiones desarrolladas [UNICEF].

La *diarrea* ha matado a más niños en los últimos diez años que todas las personas asesinadas por los conflictos armados desde la Segunda Guerra Mundial. Sigue siendo la segunda causa principal de muerte de niños menores de cinco años, matando a un millón ochocientos mil niños cada año [UNICEF].

Los países con la tasa de mortalidad infantil más alta son **Afganistán** con 119 muertes por cada 1000 nacidos vivos, le siguen **Níger** (108 muertes), **Malí** (107 muertes), **Somalia** (102) y la **República Centroafricana** (95). Compara estas altas tasas de mortalidad con Mónaco (apenas 1,8 muertes por cada mil nacimientos) y Japón (con apenas 2,2), seguidas de cerca por Bermuda, Singapur y Suecia [Geoba.se, estimados de 2013].

EXPECTATIVA DE VIDA PARA MUJERES[2]
«ESTIMADOS DE 2013»

Diez países con menor expectativa

Sudáfrica	48,5
Suazilandia	49
Chad	49,8
Afganistán	51
Guinea Bisáu	51,1
Zimbabue	51,7
República Centroafricana	51,8
Namibia	51,9
Lesoto	52
Mozambique	52,8

Diez países con mayor expectativa

Mónaco	93,8
Macao	87,5
Japón	87,4
Singapur	86,2
San Marino	85,8

Hong Kong	85,1
Guernsey	85
Andorra	84,7
Francia	84,7
Italia	84,6

DETALLES POR PAÍSES

Afganistán: Es uno de los lugares más peligrosos del mundo para ser mujer embarazada o niño pequeño. Cada treinta minutos, una afgana muere durante el parto. Las afganas también registran una de las tasas más altas de tuberculosis del mundo. Una de cada tres mujeres es objeto de violencia física, psicológica o sexual. Del setenta al ochenta por ciento enfrentan matrimonios forzosos [OMS y *Regional Information Networks*].

Camerún: A una de cada cuatro mujeres la someten al «planchado de pechos» o «achatamiento de mamas», golpeando y masajeando los pechos de las niñas pubescentes, usando objetos pesados o calientes, en un intento de detener su desarrollo o desaparecerlos. Dado que en algunas zonas las niñas cuyos pechos han comenzado a crecer se consideran listas para la relación sexual, las madres que llevan a cabo esta práctica afirman que es una manera de evitar el acoso sexual o los embarazos tempranos; solo protegen el honor de la familia. El utensilio más usado para el planchado de pechos es la mano de mortero de madera que se suele emplear para machacar los alimentos. Otros objetos utilizados incluyen hojas, plátanos, cáscaras de coco, piedras de moler, cucharones, espátulas y martillos que calientan sobre las brasas[3].

China: Debido a la actual política de «un solo hijo», el abandono de la descendencia femenina es claramente evidente. Según la OMS: «En muchos casos, las madres son más propensas a llevar sus hijos varones a los centros de salud, a los médicos privados en particular, y los pueden tratar en una etapa más temprana de la enfermedad que las niñas». Las embarazadas en China se han visto obligadas a someterse a abortos, incluso en sus meses octavo y noveno [consulta también «SOS: Infanticidio y feticidio femenino»].

India: Datos de la ONU de 2012 revelan que la India es el lugar más peligroso del mundo para ser niña. Una niña india de entre uno y cinco años de edad tiene un setenta y cinco por ciento de más probabilidades de morir que un niño indio. La UNICEF afirma que casi cincuenta y cinco millones de niños menores de cinco años en la India presentan bajo peso. En un gran número de hogares indios, las mujeres son los últimos miembros de la familia para comer. A menudo sobreviven con las sobras. Casi la mitad de las mujeres indias de quince a cuarenta y nueve años están anémicas debido a la mala alimentación, lo cual conduce a extremadamente altas tasas de mortalidad materna[4] [Consulta también «SOS: Partos»].

Uzbekistán: De acuerdo con informes de diversas fuentes en 2011 y 2012, incluyendo la BBC y *Moscow Times*, el aborto obligado y la esterilización impuesta es la política del gobierno actual en Uzbekistán para las mujeres con dos o tres hijos, como un medio de forzar el control de la población y la mejora de las tasas de mortalidad materna[5].

Notas
1. Fuente: *El Libro Mundial de Hechos de la CIA* [CIA World Factbook], 2012.
2. *Ibid*
3. http://lindaraftree.com/2012/06/14/new-research-on-the-practice-of-breast-flattening-in-cameroon/
4. http://health.india.com/diseases-conditions/international-womens-day-2013-arent-you-ashamed-to-be-indian/
5. http://www.bbc.co.uk/programmes/b01fjx63; http://www.themoscowtimes.com/news/article/uzbeks-face-forced-sterilization/401279.html

14

SOS: ASESINATOS DE «HONOR»: MUERTES IMPUNES

Entre cinco mil y veinte mil mujeres mueren cada año a manos de familiares que encuentran su comportamiento inapropiado o inaceptable. El número real de asesinatos de «honor» en todo el mundo es difícil de determinar, ya que la mayoría de las muertes hacen que parezcan accidentes. A las víctimas las han lapidado, apuñalado, asfixiado, quemado, decapitado, electrocutado y hasta enterradas vivas. Sus llamados delitos pueden ser tan nimios como salir en una cita sin permiso o solo hablar con un hombre o hasta por cocinar mal. En las culturas donde los hombres quedan en la impunidad por relaciones abiertamente ilegales, las mujeres mueren a causa del rumor más ligero de impropiedad. Incluso, las familias pueden eliminar a las víctimas de violación por sentir que las avergonzaron. Los asesinatos se informaron en veintiséis países, con más frecuencia en las culturas de mayoría musulmana, aunque también en las comunidades hindúes, sijes y cristianas.

Los siguientes incidentes son casos representativos de los llamados asesinatos de «honor»:

❑ El padre de una novia **egipcia** la atacó en su luna de miel por casarse con un hombre que no aprobaba. Después de decapitarla, se paseó con la cabeza por la calle con orgullo.

❑ En **Pakistán**, una madre dormía junto a su bebé de tres meses de edad cuando su esposo la mató de un disparo. Un vecino le había informado al marido que un hombre merodeaba por el campo donde trabajaba ella.

❑ En marzo de 2012, la agencia *Reuters* informó que cerca de la ciudad de Kirkuk, al norte de **Irak**, un padre empapó a sus tres hijas adolescentes con agua hirviendo y les disparó. Dos de ellas murieron. En su defensa, el hombre alegó que sospechaba que las niñas mantenían relaciones sexuales. Los exámenes médicos revelaron que eran vírgenes[1]. El hombre recibió una sentencia de dos años. Un informe del ministerio de derechos humanos iraquí reveló el asesinato de doscientas cuarenta y nueve mujeres en 2010, muchas por asesinatos de «honor».

❑ Una joven de **Jordania** huyó para casarse con el hombre que amaba, sin el permiso de la familia. Años más tarde, su hermana huyó para reunírsele. Sus hermanos descubrieron dónde vivían, entraron a la casa y les dieron muerte con hachazos. Este incidente ocurrió apenas un día después que el parlamento de Jordania rechazara un proyecto de ley que endurecía las penas por tales delitos.

Algunas jordanas prefieren permanecer en la cárcel en vez de enfrentar la violencia o la muerte a manos de su familia.

❑ En el **Reino Unido**, la policía registró más de dos mil ochocientos ataques por «honor» en 2011, un cuarenta y siete por ciento más que en años anteriores[2]. En promedio, muere al menos una mujer al mes. Estos delitos ocurren casi con exclusividad en familias asiáticas o del Oriente Medio, a menudo cuando la mujer procura una mayor independencia o parece adoptar valores occidentales (rechazar un matrimonio arreglado o usar ropa occidental). En Gran Bretaña, se persiguen a los perpetradores, pero en algunos países tales asesinatos son culturalmente aceptables y los asesinos quizá reciban una leve condena o ninguna en absoluto (consulta la siguiente sección sobre leyes en varios países).

❑ Sin escuchar los ruegos de su hija de catorce años por su vida, Mehmet Halitogullari en **Turquía** la estranguló con un alambre, al parecer para restablecer el honor familiar después que secuestraran y violaran a la adolescente. «Decidí matarla porque mancillaron nuestro honor», fueron las palabras del padre según citó el periódico *Sabah*. «No escuché sus ruegos, até un alambre alrededor de su cuello y tiré de él hasta matarla». Mil mujeres murieron en 2009, en su mayoría apuñalada o de un tiro por algún miembro de la familia. Los grupos de derechos de las mujeres creen que gran parte fueron asesinatos de «honor».

❑ «Cada año, alrededor de cuarenta mujeres **palestinas** mueren a manos de padres o hermanos», escribe Geraldine Brooks en su libro *Nine Parts of Desire*, «acusadas de tener relaciones sexuales prematrimoniales o fuera del matrimonio. Con frecuencia, queman después a las mujeres a fin de que el asesinato parezca un accidente. El asesino se convierte en un héroe local»[3].

❑ Es probable que los llamados crímenes de honor sean más comunes en **Pakistán**. En 2011, asesinaron al menos novecientas cuarenta y tres mujeres por, según se dice, mancillar el honor de la familia, de acuerdo con la Comisión de Derechos Humanos de Pakistán. La tasa de muertes crece cada año a medida que más mujeres procuran divorciarse de maridos abusivos. Los incidentes de las mujeres desfiguradas para siempre debido a los ataques con ácido se volvieron tan comunes que, en 2010, el parlamento de Pakistán finalmente se vio en la necesidad de abordar el problema pasando una «Propuesta de Ley de Control del Ácido y de Prevención de los Crímenes con Ácido». Sin embargo, solo alrededor del diez por ciento de los casos los llevan a los tribunales y la mayoría de los agresores escapan del castigo mediante el pago a las autoridades[4].

Restauración de la virginidad

Tan duro es el castigo de las niñas musulmanas que pierden su virginidad antes de su noche de bodas que ahora muchas procuran operarse a fin de reparar los signos reveladores. Es más, el Servicio Nacional de Salud del Reino Unido incluye este procedimiento en su gama de servicios de atención gratuitos, financiados por los contribuyentes. Otras niñas se operan en clínicas privadas a un costo de hasta seis mil dólares[5]. Un médico de Harley Street dice que reciben de dos a tres de estas pacientes al día. No obstante, el fenómeno no se limita al Reino Unido. La búsqueda en internet revela que el procedimiento se ofrece abiertamente en otros lugares como la India e Irán, y es muy probable que se lleve a cabo en secreto en la mayoría de los países.

LEYES SOBRE «CRÍMENES DE HONOR» EN LOS PAÍSES ÁRABES

Los códigos penales árabes en varios países siguen violando directamente los derechos de las mujeres en dos esferas principales: la indulgencia para los acusados de «crímenes de honor» y las exenciones de cargos contra los violadores que se casan con sus víctimas.

La mayoría de las leyes a continuación se refieren al tratamiento de los que asesinan o hieren a otras personas después de encontrarlas en el acto de adulterio con su pareja o esposa. En muchos casos, al asesino se le exime del castigo o se les condena a penas muy cortas. No se discuten los asesinatos cometidos en otras situaciones percibidas como inmorales. [Consulta también «SOS: Desigualdades de género»].

ARGELIA

«El asesinato, las lesiones y los golpes estarán sujetos a descargo si los cometiera un cónyuge contra el otro cónyuge o en contra de su pareja en el momento de sorprenderlos en flagrante adulterio» [artículo 279 del Código Penal].

IRAK

El artículo 409 de la constitución de este gobierno reduce una condena por asesinato a un máximo de tres años si el hombre «sorprende a su esposa o a una de sus parientas a su cargo (que está) en flagrante adulterio o la encuentra en la cama con su pareja y la mata de inmediato, o mata a uno de los dos». Sin embargo, las familias a menudo encubren esos crímenes, presentando muertes como suicidios o accidentes, y los tribunales son indulgentes.

La ley exime por completo de toda responsabilidad al hombre que asesina o intenta matar a quien violó o forzó a tener relaciones sexuales a una parienta consanguínea del asesino. Además y, como medio de protección del asesino, si se convierte en víctima de venganza, tal venganza se considerará una circunstancia agravante.

El artículo también establece que cuando un hombre mata a su esposa o a una parienta consanguínea a causa de un delito de honor, y luego mata a otra persona que recrimina al asesino y le imputa el deshonor, el segundo crimen se considerará sujeto a una circunstancia atenuante. Cualquiera que mate a dicho vengador estará sujeto a una pena de muerte.

JORDANIA

Este país da sentencias reducidas a los hombres que matan a su esposa o a familiares femeninos si estas deshonraron a su familia. En ocasiones, usan a sus hijos menores de dieciocho años para cometer estos asesinatos, dado que los menores convictos van a un centro tutelar de menores y los liberan a los dieciocho años con antecedentes penales limpios.

«El que descubre a su esposa o acompañante femenina tras presenciar su adulterio, y asesina, hiere o lastima a uno de los dos o a ambos, está exento de toda pena. El que descubre a su esposa o parienta, ya sea ascendiente, descendiente o hermana, con otro en la cama y mata, hiere o lastima a uno de los dos o a ambos, se beneficia con una reducción de la pena» [artículo 340 del Código Penal].

El artículo 98 del código también se ha aplicado para los homicidios de «honor». Esto obliga a la reducción de la pena para un perpetrador que comete un crimen «en un arrebato de cólera» causada por un acto grave o peligroso llevado a cabo por la víctima. *No es necesario que el asesinato lo provoque alguna prueba real* del desliz sexual; en la práctica, la simple sospecha o el rumor del acto «grave o peligroso» de la mujer pueden ser pruebas suficientes para los tribunales. Por lo tanto, el castigo se puede anular o reducir a un valor nominal de tres a seis meses de cárcel.

KUWAIT

«El que sorprende a su esposa en el acto de adulterio o sorprende a su hija, madre o hermana en el acto de la relación sexual con un hombre, y de inmediato la mata a ella o al hombre con quien comete el adulterio o tiene relaciones sexuales o los mata a los dos, se castigará con prisión por un período *no mayor de tres años* y una multa de no más de tres mil dinares o por una de estas dos sanciones» [artículo 153 del Código Penal].

LIBIA

«Todo aquel que sorprende a su esposa, hija, hermana o madre en el acto de adulterio o relaciones sexuales ilegítimas y de inmediato la mata a ella o a su pareja, o a ambos, en respuesta a la agresión que ha afectado su honra o el honor de su familia, se castigará con encarcelamiento. Si el acto lleva a la tumba o lesiones graves de dichas personas en estas circunstancias, la condena será de prisión por *no más de dos años*. En tales circunstancias, no se castigarán la simple golpiza ni las lesiones leves» [artículo 375 del Código Penal].

MARRUECOS

«*El homicidio, las lesiones y los golpes son excusables si el esposo los comete contra su esposa*, así como también contra el cómplice, en el momento en que los sorprende en el acto del adulterio» [artículo 418 del Código Penal].

OMÁN

«El que sorprende a su esposa en adulterio o sorprende a su madre o su hermana o su hija en la cama con otro, y de inmediato asesina o la hiere a ella o al otro, o a ambos, *se le podrá eximir de responsabilidad o condenarse a una pena reducida* de acuerdo con lo dispuesto en el artículo 109 de esta ley» [artículo 252 del Código Penal].

AUTORIDAD PALESTINA

En la franja de Gaza y Cisjordania, se cree que cada mes se asesinan a tres de cada cuatro mujeres en nombre de salvar el honor. La Autoridad Palestina sigue la ley jordana, que les da a los hombres un castigo reducido por matar a su esposa o a familiares mujeres si han traído deshonor a la familia[6].

SIRIA

Bajo la ley siria, el asesinato de «honor» se ha considerado durante mucho tiempo como el que ofrece «circunstancias atenuantes» para el asesino. No obstante, una nueva ley de 2009 eliminó el artículo 548 del Código Penal, que retiene el castigo de los hombres hallados culpables de crímenes de «honor», y exige un mínimo de dos años de prisión.

Sin embargo, el artículo 192 del Código Penal sirio facilita la exculpación de quienes cometen los delitos de honor, proporcionando a los jueces con una serie de opciones para la reducción de condenas, tales como detenciones de corta duración o de prisión, en los casos de asesinatos que se basan en una intención honorable. Por último, el artículo 242 del código les permite a los jueces que reduzcan el castigo de hombres y mujeres si se cometió el asesinato en un momento de cólera y motivado por cualquier acto inmoral por parte de la víctima.

Los activistas dicen que unas doscientas mujeres mueren cada año en los casos de honor a manos de hombres que esperan un trato indulgente según la ley.

YEMEN

«Si un esposo mata a su esposa y a quien fornicare con ella en el momento del adulterio, o si los ataca de manera que conduce a la muerte o discapacidad, no hay opción para que surja el *qisas*[7]; al esposo se le castigará con cárcel por un período no mayor de un año *o con una multa*. Esta ley se aplica también a la persona que sorprenda a uno de sus ascendientes, descendientes o hermanas en el acto de fornicación ilícita» [artículo 232 de la ley n.º 12/1994].

PASOS A SEGUIR

❑ Revisa la página web «*Gendercide*» [feminicidio] y las campañas de «*Stop Honour Killings*»; las páginas web aparecen en el Apéndice 2 bajo «Asesinatos de honor». También puedes referir amigos a la página de Facebook: «*International Campaign Against Honour Killings*».

«Pero el Señor está en su Santo Templo; aún reina desde el cielo, observa atentamente cuanto ocurre aquí en la tierra. Él pone a prueba al justo y al malvado; aborrece a los que aman la violencia».

SALMO 11:4-5, LBD

Notas

1. http://www.womenagainstshariah.com/2012/03/honor-killings-require-tougher-laws-say.html
2. http://www.bbc.co.uk/news/uk-16014368
3. Geraldine Brooks, *Nine Parts of Desire*, Doubleday, Nueva York, 1995, p. 49.
4. http://www.bbc.co.uk/news/world-asia-17676542
5. http://www.dailymail.co.uk/news/article-1298684/Surge-virginity-repair-operations-NHS.html
6. http://articles.timesofindia.indiatimes.com/2010-07-11/india/28318807_1_honourkillings-family-honour-reports-by-human-rights
7. *Qisas* se refiere a represalias físicas por heridas infligidas o, en el caso de un homicidio premeditado, darle muerte al asesino

15

SOS: POBREZA

Las mujeres representan un porcentaje desproporcionado de los pobres del mundo, y son también el grupo de empobrecidos de más rápido crecimiento. Casi la mitad de la población global vive con menos de dos dólares diarios y mil doscientos millones de personas viven en la más absoluta pobreza, con extrema dificultad para sobrevivir con menos de USD $ 1.25 al día. El setenta por ciento es de mujeres.

Una de cada ocho personas padece hambre. Veinticuatro mil personas mueren a diario de hambre y tres cuartos de estas son niños menores de cinco años. Novecientos veinticinco millones padecen desnutrición crónica; más del veinticinco por ciento de los niños en los países en desarrollo tienen bajo peso.

❏ Alrededor de mil trescientos millones de personas no tienen acceso confiable a la electricidad y un estimado de dos mil setecientos millones no tendrán acceso a la salud adecuada en 2015.

❏ El setenta por ciento de las personas más pobres en los países en desarrollo viven en zonas rurales, y las mujeres son las que están en mayor desventaja. Si tuvieran el mismo acceso a la tierra, la tecnología, los servicios financieros, la educación y los mercados que los hombres, el número de hambrientos se reduciría entre cien y ciento cincuenta millones.

❏ La situación económica de las mujeres en muchas sociedades en desarrollo se suele deteriorar cuando son mayores, viudas o discapacitadas porque carecen de sistemas de apoyo. Las mujeres destituidas se vuelven más vulnerables a todo tipo de abuso y explotación[1].

Los «sintecho»

Nadie sabe cuántas personas en el mundo no tienen un lugar al que puedan llamar hogar, pero se estima que sean de cien a doscientos millones. El treinta y tres por ciento de las mujeres de todo el mundo están sin hogar o viven en viviendas inadecuadas, tales como tugurios. También ha habido un sostenido aumento de los hogares cuya cabeza de familia son mujeres: alrededor del treinta y tres por ciento a escala mundial, y hasta el cuarenta y cinco y cincuenta por ciento en algunas zonas de África y América Latina. A pesar de eso, las mujeres tienen menos posibilidades de tener un empleo estable, y lo más probable es que se les pague menos que a sus homólogos masculinos. Debido a que carecen de empleo y títulos de propiedad permanentes sobre la tierra o la vivienda para ofrecer como garantía, el setenta por ciento de las mujeres del mundo no pueden conseguir préstamos bancarios formales [Shelter 2.0].

La pobreza, el desempleo y la falta de vivienda asequible son las tres razones principales para el creciente número de los que viven en la calle. Europa no es la excepción. Londres tiene unas seis mil cuatrocientas personas viviendo en las calles, el doble de hace seis años atrás. Las mujeres en esta situación incluyen inmigrantes, trabajadoras sexuales y las que tienen trabajos inestables, incluso profesionales. Muy pocos países cuentan con centros o refugios para tiempos de crisis.

Propagación de los barrios marginales

Mil millones de personas, uno de cada siete de nosotros, viven en barrios pobres. La tendencia a mudarse de las zonas rurales a las urbanas ha hecho que las ciudades crezcan en doscientos mil nuevos residentes cada día. La ONU estima que para el año 2030, dos mil millones vivirán en barrios marginales. Los que no pueden encontrar trabajo, casi siempre terminan como ocupantes ilegales en asentamientos atestados de casuchas de baja calidad, con instalaciones sanitarias inadecuadas, agua no potable y sin seguridad para el futuro. A menudo las mujeres llevan la peor parte del sufrimiento con tal de proveer para su familia.

Esclavitud basada en la ascendencia

Hoy en día, miles de personas en el **África occidental** nacen en una clase social o casta de esclavos, consideradas por otros como la parte inferior de la escala social. Por lo general, este tipo de esclavitud ha existido por generaciones y está profundamente arraigada. Los miembros de tales grupos son discriminados, no se les permite heredar, ni poseer bienes, ni casarse fuera de la casta de esclavos. Los hijos de estas uniones son propiedad de sus amos, quienes los pueden vender a su antojo. A pesar de que la esclavitud era un delito penal en **Níger** en 2003, los amos vendieron a muchas niñas y mujeres descendientes de esclavos para convertirse en concubinas y esclavas de hombres ricos, conocidas como «*wahaya*» o «quintas esposas». En **Mauritania**, cientos de miles de pobres *hratine* constituyen la «casta esclava», casi siempre bajo la elite étnica de los moros blancos. Las mujeres sufren una doble discriminación, como miembros de la casta y por ser mujeres, siendo golpeadas y violadas a menudo por sus amos. La esclavitud basada en la ascendencia existe todavía en el norte de **Malí**, si bien el país abolió la esclavitud oficialmente en la década de 1960 [Sociedad antiesclavista].

India: El cuarenta y cuatro por ciento de las personas vive por debajo del umbral de pobreza con un dólar al día. Los *dalits* de la India, antes llamados «intocables», son los más pobres entre los pobres y las mujeres *dalits* son oprimidas en particular. A muchas las obligan a los trabajos más sucios como la limpieza manual de los inodoros. A más de un millón de mujeres las emplean para quitar el excremento humano de inodoros secos y cloacas a cambio de centavos. En agosto de 2012, el Parlamento de la India aprobó el proyecto de ley sobre la «Prohibición del Trabajo como Basureros Manuales y su Ley de Rehabilitación». No obstante, las mujeres *dalits* siguen sin tener derechos y, por lo general, son víctimas de abuso en público. Se han descubierto casos de mujeres *dalits* a quienes les extirparon sus órganos, como riñones, sin su conocimiento ni consentimiento.

Trabajadores migrantes

Las trabajadoras migrantes han ido en aumento y ahora constituyen el cincuenta por ciento o más de la fuerza laboral de doscientos catorce millones de migrantes en todo el mundo. Según la ONU Mujeres, estas casi siempre se van de la casa y se convierten en trabajadoras migrantes para salir de la pobreza, pero más tarde descubren que las explotan mucho. Por lo general, no tienen acceso a los servicios sociales ni a la protección legal, y las someten a abusos tales como duras condiciones de vida y de trabajo, salarios bajos, retención ilegal de sueldos y terminación prematura del empleo, a pesar de que quizá estén enviando dinero a su casa para mantener a su familia [Consulta también «SOS: Refugiadas»].

PANORAMA MUNDIAL

Las mujeres en *África* y *Asia* caminan un promedio de seis kilómetros para conseguir agua. En muchos casos, esta necesidad ha ocasionado un daño permanente a su salud, incluyendo deformidades vertebrales y pélvicas, y reumatismo degenerativo. Una descarga del inodoro usa tanta agua como la que emplea una persona promedio en el mundo en desarrollo para lavarse, limpiar, cocinar y beber todo un día.

La pobreza avanza sin importar cuán duro trabaje uno. En el *África subsahariana,* las mujeres tienen la responsabilidad del setenta al ochenta por ciento de la producción alimentaria de los hogares. Una gran proporción tiene trabajos manuales, y un porcentaje muy bajo tiene trabajo calificado y bien remunerado.

Los doce países que ocupan el último lugar en el índice de desarrollo humano de la ONU, que mide la salud, la educación y los ingresos, están todos en África [Programa de las Naciones Unidas para el Desarrollo (PNUD)].

Los países de América Latina y el Caribe han tenido grandes avances económicos que han reducido los índices de pobreza, pero las necesidades son más problemáticas en las zonas rurales, sobre todo entre los pueblos indígenas. La brecha entre los muy ricos y los muy pobres es apreciable.

Se cree que **Bolivia, Paraguay** y **Guyana** sean los países más pobres de América del Sur; Haití sigue siendo el más pobre del Caribe.

En *Europa,* la recesión económica ha golpeado con fuerza. La cantidad de ayuda alimentaria distribuida a las personas en Europa por la Cruz Roja ha alcanzado niveles no vistos desde la Segunda Guerra Mundial. **Bulgaria** y **España** se han visto afectadas en particular. La pobreza energética también está en aumento: una encuesta realizada a mil personas en el **Reino Unido** reveló que una de cada cuatro familias debe elegir entre la calefacción y la alimentación. Son más las personas que mueren como resultado de vivir en una casa fría en el invierno de las que mueren en accidentes de tráfico cada año.

El *sur de Asia* es hogar de la mayor concentración de personas crónicamente pobres del mundo. Según el Banco Mundial, más de quinientos millones viven con menos de USD $ 1.25 al día. Un tercio vive en la **India,** donde el sesenta por ciento de las mujeres son permanentemente pobres; la mayoría de las restantes habita en **Nepal, Bangladés** y **Pakistán.** A pesar de que un número significativo trabaja, a menudo estas personas carecen de tierras o casi no tienen tierras, y pertenecen a las minorías: castas de bajo estatus social, tribus o minorías religiosas. Las oportunidades de empleo de las mujeres tienden a estar restringidas.

Al menos ciento cincuenta y tres millones de dólares se gastaron hoy en productos para perder peso en los Estados Unidos. Alrededor de treinta mil millones de dólares habrían alimentado a los ciudadanos más pobres del planeta.

PASOS A SEGUIR

SOS

❑ Únete a las campañas *WarOnWant.org* que combaten la pobreza mundial, al igual que los que exigen los derechos humanos de los trabajadores en fábricas y talleres.

❑ Muchas misiones cristianas agradecerían tu apoyo para los proyectos que capacitan a las mujeres pobres, como los programas de microfinanzas y formación laboral.

❑ Para las estadísticas, visita *www.WorldHunger.org* y otras páginas web sobre el hambre mundial, ideal para comentar en grupo.

❑ Haz clic en *thehungersite.org* todos los días para donar alimentos.

«Defiendan la causa del huérfano y del desvalido;
al pobre y al oprimido háganles justicia.
Salven al menesteroso y al necesitado;
líbrenlos de la mano de los impíos».

SALMO 82:3-4

Nota

1. Fuentes: Programa Mundial de Alimentos, FAO, FIDA, UNICEF, OMS, ONU.

16

SOS: VIOLACIÓN COMO ARMA DE GUERRA Y EXTREMISMO RELIGIOSO

Más del setenta por ciento de las muertes en los conflictos recientes fueron de mujeres y niños, según la ONU Mujeres: ahora superan en número a las bajas militares. Las que logran sobrevivir, suelen ser presas de la tortura, la violación, la esclavitud sexual, la prostitución forzosa y la mutilación.

Desde el comienzo de la guerra, los soldados se han considerado con derecho a la violación como parte del botín de la victoria. Sin embargo, la agresión sexual también se ha desarrollado como una táctica deliberada y sistemática para aterrorizar al enemigo durante los conflictos.

De cualquier manera, las consecuencias para las víctimas continúan mucho después de firmados los acuerdos de paz: el desplazamiento, los embarazos indeseados, las infecciones de transmisión sexual, el trauma psicológico y la estigmatización. Las niñas que «avergonzaron», aunque no tuvieron culpa, pueden esperar el rechazo de sus familias, la pérdida de estudios avanzados y pocas opciones de empleo. Se enfrentan a un futuro sombrío. El cuidado de los niños que son el resultado de la violación presenta dificultades adicionales.

Solo en 2008, el Consejo de Seguridad de la ONU aprobó una resolución que declaró la violación y otras formas de violencia sexual como un crimen de guerra, un crimen contra la humanidad y un acto constitutivo con respecto al genocidio.

Lo lamentable es que un grupo de trabajo de la ONU encontrara que algunos de los colaboradores, las fuerzas de paz y otros del personal humanitario local y extranjero de veintitrés organizaciones que analizaron, fueran los responsables de una mayor explotación. Los miembros del personal cometieron «todo tipo de abuso sexual infantil y de explotación imaginable» con las niñas y las mujeres que viven en situaciones de emergencia crónicas. Los niños de tan solo seis años negociaban el sexo con trabajadores humanitarios y fuerzas de paz, por ejemplo, a cambio de alimentos, dinero, jabón y otros artículos[1].

Los ejemplos que se muestran a continuación apenas profundiza en la incidencia dominante de la violencia sexual durante los estados de guerra y los disturbios pasados y presentes. Podrían nombrarse docenas de países, como Argelia, Bangladés, Sri Lanka, Somalia y Uganda.

Segunda Guerra Mundial

Los soldados japoneses que invadieron China violaron a las mujeres locales a gran escala en 1937 y 1938; algunos estiman que fueron alrededor de ochenta mil. Durante los años de guerra, los japoneses secuestraron a cientos de miles más y las usaron como «mujeres consuelo». Las tropas rusas violaron un estimado de dos millones de mujeres en venganza por las bajas sufridas por los alemanes.

Ruanda

Entre doscientas cincuenta mil y quinientas mil mujeres y niñas se violaron en el genocidio ruandés de 1994, muchas de ellas sufrieron múltiples ataques tras obligarlas a presenciar el asesinato de sus seres queridos. La mutilación y la tortura le seguían con frecuencia. A los aproximadamente veinte mil niños concebidos a raíz de estas agresiones brutales, junto con sus madres, los rechazaron en su mayoría. A menudo, las madres y los niños también se infectaban con el VIH.

Sudán: Darfur

La ONU informa que las fuerzas de gobierno del Sudán y la milicia *yanyauid* raptaron a miles de civiles de los campos de refugiados de Darfur para someterlos a esclavitud sexual y trabajo forzado. A las mujeres y las niñas secuestradas, algunas de cuatro años de edad, las violaron repetidas veces, así como las obligaron a realizar tareas domésticas para los combatientes. La violencia alcanzó su punto máximo entre 2003 y 2006. A veintenas de bebés nacidos como resultado de esto, abandonaron madres que trataban de escapar del estigma. Otras mujeres se vendieron en matrimonios forzosos con soldados. Las agresiones continúan mientras se escribe este libro.

República Democrática del Congo

Este país compite con Sudáfrica como la capital mundial de la violación. Alrededor de un millón setecientas mil hasta un millón ochocientas mil mujeres denunciaron que las violaron en su vida. Más de mil cien mujeres sufrieron agresión sexual todos los días durante un período de doce meses en 2006 y 2007: más de cuatrocientas mil mujeres y niñas entre las edades de quince a cuarenta y nueve años. El seis por ciento era menor de dieciséis años y el diez por ciento era mayor de sesenta y cinco años. Un informe de 2011 indicó que la violencia sexual contra los civiles continúa en la zona oriental del país con hasta veinticinco mil violaciones al año, perpetradas tanto por las fuerzas de seguridad del gobierno como por las milicias[2]. A muchas víctimas las violaron en grupo. Dado que las mujeres violadas se consideran impuras, esto significa con frecuencia que nadie se casará con ellas o sus maridos las abandonarán. Incluso, a veces la familia o la comunidad asesinan a la víctima, si creen que les acarrea deshonra.

Conflictos de los Balcanes

Según un informe del Consejo de Europa, a más de veinte mil mujeres las agredieron sexualmente durante las guerras de Bosnia-Herzegovina y Kosovo en la década de 1990, en su mayoría violada en grupo. Algunas de las víctimas fueron obligadas a convertirse en esclavas sexuales y las embarazaron a la fuerza, a menudo por el ejército y grupos paramilitares, como parte de su sistema de depuración étnica[3].

2012 y 2013

Amnistía Internacional informó de que las violaciones por parte de soldados y miembros de grupos armados se produjeron y siguen ocurriendo en muchas zonas de conflicto, entre ellas **Malí, Chad, Sudán** y la **República Democrática del Congo.** Las comunidades de las supervivientes de violación las han estigmatizado y no se les da apoyo ni asistencia adecuada. La UNICEF señaló que la violación sistemática y la violencia sexual se están perpetrando contra mujeres y niñas en **Myanmar (Birmania)** como método de tortura y de control, a menudo por militares o con su complicidad. Un estudio realizado en el estado minoritario Shan reveló que el sesenta y un por ciento de los incidentes de violación documentados involucraba la violación en grupo. Las agresiones tuvieron testigos, pero dado que se cometieron en forma colectiva, los soldados no les temieron a las repercusiones[4].

Mujeres soldados en los Estados Unidos

Si bien no hay estadísticas disponibles sobre lo que sucede en otros países, un documental reciente dejó al descubierto que más de quinientas mil mujeres soldados fueron víctimas de abuso sexual mientras servían en el ejército de Estados Unidos. El número de agresiones denunciadas a la Defensa Pública en 2010 fue de más de diecinueve mil. Según este departamento, una de cada tres mujeres es agredida sexualmente durante su servicio militar. Innumerables casos se ocultan tras los muros de confidencialidad[5].

La vulnerabilidad de las mujeres refugiadas

Las niñas y las mujeres sobrevivientes de la violencia sexual descubren que los recursos legales son a menudo demasiado inaccesibles, ineficaces y poco confiables. Sabiendo que el sistema judicial no protege a las mujeres ni a los niños permite que los agresores se comporten con impunidad. Con frecuencia, a las mujeres desprotegidas en los campos de refugiados las agreden en sus refugios temporales, muchos de los cuales no tienen puertas ni cerraduras. El «sexo para sobrevivir» resulta cuando las víctimas avergonzadas por la violación y forzadas a abandonar sus familias y comunidades, no ven otra opción para obtener alimentos y ropas. Sus cuerpos son las únicas posesiones que tienen para vender.

Además, el tratamiento médico para las mujeres y niñas que sufrieron violación es a menudo insuficiente o no está disponible. La confidencialidad de las víctimas de violación que buscan tratamiento médico también puede estar en duda[6].

LA VIOLACIÓN Y EL EXTREMISMO RELIGIOSO

En las últimas décadas se ha observado un preocupante aumento de la violación como estrategia para humillar a las mujeres de las fe minoritarias y obligarlas a convertirse. En los países musulmanes, donde el sexo femenino no goza tradicionalmente de los mismos privilegios que se les concede a los ciudadanos masculinos, las cristianas corren mayor riesgo como miembros de una marginada población «infiel»[7]. Esta tendencia ha sido evidente en muchos países, pero analizaremos brevemente a tres de ellos.

❑ **Nigeria:** Durante años, el grupo islamista radical Boko Haram ha sembrado el terror en los cristianos mediante el secuestro de mujeres. Los musulmanes dicen que la esposa debe seguir la religión de su marido, de ahí que esto se interprete como una licencia para el secuestro de niñas cristianas para violarlas y obligarlas a casarse. Entonces, el estatus religioso cambia de cristianas a musulmanas en sus documentos de identidad.

❑ **Egipto:** Desde la revolución de 2011, se han raptado a más de quinientas niñas cristianas a manos de los *salafistas* (musulmanes sunitas extremos) que las convierten a la fuerza al islamismo y luego las casan con musulmanes en contra de su voluntad. Estos casos los ha documentado la asociación para las víctimas de secuestros y desapariciones forzadas (AVAED, por sus siglas en inglés), organización cristiana no gubernamental, la cual afirma que el ministerio del interior egipcio actuó en connivencia en los secuestros. El abogado de la AVAED,

Said Fayez, expresó que la edad de las niñas secuestradas es cada vez menor, casi siempre entre trece y catorce años de edad [Barnabas Fund].

❑ **Pakistán:** Junto con las mujeres de casta baja, la minoría cristiana de Pakistán durante mucho tiempo ha sido objeto de un tratamiento brutal y degradante. En los últimos años se han reportado varios incidentes (muchos más no se denuncian) de humillar, torturar y pasear a las cristianas a través de las calles. A las niñas también las agreden sexualmente. Por lo general, la policía local se hace la vista gorda ante este tipo de incidentes.

Naciones occidentales

El odio y el fanatismo religioso también están produciendo una escalada de ataques sexuales en el mundo desarrollado. En Australia, por ejemplo, un violador nacido en Pakistán declaró en el Tribunal Supremo de Nueva Gales del Sur que sus víctimas no tenían derecho a negarse [al sexo forzoso] porque no llevaban un velo en la cabeza. Un erudito musulmán en Copenhague, Shahid Mehdi, dijo casi lo mismo: que las mujeres que no llevan velo están pidiendo que las violen.

Noruega y Suecia han experimentado una epidemia de violaciones en estos últimos años. Dos de cada tres violadores en Oslo, según informa la policía, son inmigrantes de trasfondo no occidental; el ochenta por ciento de sus víctimas son noruegas. La mayoría de las violaciones en grupo en Suecia las cometen inmigrantes musulmanes contra niñas suecas nativas. Los agresores suelen dar como motivo el deseo de conquistar o humillar y deshonrar a sus víctimas o a las comunidades cristianas. A veces, los sermones extremistas o líderes islámicos los incitan a actuar. Se dice que la violación puede clasificarse como un delito de odio más que un delito sexual, dado que la motivación es el poder y no la pasión.

PASOS A SEGUIR

SOS

❑ Entérate más sobre el trabajo de la Misión Internacional de Justicia (IJM, por sus siglas en inglés) [www.ijm.org], que de forma activa rescata a las víctimas de violencia sexual, asegura la evidencia y garantiza servicios de cuidado posterior para las mujeres y sus familias. El IJM también trabaja para transformar los sistemas de justicia en muchos países. Los oradores están disponibles para las iglesias o comunidades del Reino Unido y de los Estados Unidos.

❑ Consulta sus recursos para la recaudación de fondos, para obtener ideas sobre el patrocinio de carreras, lavados de autos o venta de pasteles.

❑ Respalda la promoción de sus campañas.

«Por las experiencias traumáticas, "olvidar" es imposible, pero recordar es la última cosa que quieres hacer. Aprendí que aun de la mayor de las pérdidas puede venir algo de redención. Las víctimas de violación deben llevar consigo sus recuerdos por el resto de la vida. Además, deben llevar la carga del silencio y de la vergüenza».

Nancy Venable Raine, *After Silence, Rape and my Journey Back.*

Notas

1. http://www.un.org/en/pseataskforce/docs/no_one_to_turn_under_reporting_of_child_sea_by_aid_workers.pdf
2. http://www.asafeworldforwomen.org/conflict/cp-africa/drcongo/725-women-in-drcongo.html
3. http://www.policymic.com/articles/6618/the-balkan-war-legacy-rape-as-a-weaponof-war
4. http://www.unicef.org/eapro/Child_Maltreatment.pdf
5. http://www.christianpost.com/news/the-invisible-war-female-soldiers-revealepidemic-of-sexual-assault-in-military-90042/#Q5wsvUO18pKQqk5O.99
6. http://www.refworld.org/docid/4f310baa2.html
7. http://www.worldwatchmonitor.org/research/2533678

17

SOS: REFUGIADAS

En todo el mundo, cuarenta y tres millones setecientas mil personas son refugiadas o desplazadas por la fuerza, principalmente debido a guerras o desastres naturales. Veintiséis millones cuatrocientas mil personas están desplazadas en su sus propios países. El ochenta por ciento son mujeres y niños, entre los cuales hay un gran número de viudas.

¿Inmigrante, solicitante de asilo, refugiado o desplazado?

Aunque estos términos a veces se usan indistintamente, un inmigrante es una persona que se traslada de un país para establecerse en otro en el que no es ciudadano. Según las Naciones Unidas, un solicitante de asilo o refugiado es la persona que «debido a fundados temores de ser perseguida por motivos de raza, religión, nacionalidad, pertenencia a un determinado grupo social u opiniones políticas, se encuentre fuera del país de su nacionalidad y no pueda o, a causa de dichos temores, no quiera acogerse a la protección de su país». El solicitante de asilo se convierte en refugiado una vez que se acepta su solicitud de asilo ante el gobierno.

Todas las personas antes mencionadas son «desplazadas»; sin embargo, una *persona desplazada internamente* (PDI) es alguien que se ve obligada a huir de su casa, pero que se mantiene dentro de las fronteras de su país. Con frecuencia, a las PDI se les llama refugiadas también, aunque no caen legalmente en esa categoría. En 2011, los países con mayor número de PDI fueron Colombia (3,8 millones), Sudán (2,4 millones), República Democrática del Congo (1,7 millones), Somalia (1,4 millones) e Iraq (1,3 millones)[1]. Aunque es de esperar que muchas personas desplazadas regresen a sus hogares, la recuperación de sus bienes de manera segura a menudo resulta difícil, si no imposible, en especial para las mujeres.

Apátrida: Limbo legal

Cerca de doce millones de personas en el mundo son «apátridas», no puede reclamar una nacionalidad en particular y no se reconocen como ciudadanos donde viven. Pueden o no aceptarlos como refugiados. La gente se convierte en apátrida por diversas razones, incluyendo la desintegración de naciones como la Unión Soviética y Yugoslavia, o la creación de nuevos países. Otros ejemplos son los migrantes y los grupos étnicos como los kurdos y los romaníes en algunas partes de Europa.

Los apátridas no tienen protección legal alguna ni los derechos a participar en los procesos políticos, carecen de acceso adecuado a los servicios sociales, sus perspectivas de empleo son escasas, tienen pocas posibilidades de ser propietarios o de viajar, y apenas cuentan con la protección contra la trata, el acoso y la violencia. La falta de nacionalidad tiene un impacto desproporcionado en las mujeres y los niños[2].

Campos de refugiados

Las ciudades de tiendas de campaña y otros refugios de emergencia para personas desplazadas, con la intención de que sean temporales, a veces se usan durante años. Cientos de miles pueden estar hacinados en un solo campamento. Muchas veces, la inadecuada provisión de agua y de servicios sanitarios lleva a brotes de enfermedades. Las mujeres pueden carecer por completo de los suministros sanitarios mensuales; incluso, las organizaciones de ayuda rara vez los incluyen en los paquetes de ayuda, y no hay suficiente agua y jabón para lavar la ropa. La falta de privacidad y las medidas de protección básicas como cerraduras en las puertas, también conducen al acoso y la violación de las mujeres solas. Las que ya perdieron sus hogares y familiares deben soportar traumas adicionales.

Las mujeres y los niños desplazados son cada vez más objeto de ataques por parte de los elementos armados para asesinato, secuestro, reclutamiento militar forzoso y la violencia de género. Además, las mujeres y los niños en zonas de conflicto enfrentan a menudo mayores riesgos para la salud, como las interrupciones de los servicios de salud, facilitando la transmisión del VIH y el sida. Con frecuencia las mujeres carecen de acceso a las condiciones seguras para dar a luz y la atención obstétrica de emergencia.

Principales países de origen y de acogida

Los últimos datos disponibles de la Agencia de la ONU para los Refugiados (ACNUR) en 2011 cataloga a **Pakistán** como el país que acoge la mayor cantidad de refugiados: 1,7 millones. **Afganistán** retuvo la posición como el mayor país de origen con 2,7 millones de refugiados, seguido por **Irak, Somalia, Sudán** y **República Democrática del Congo. Siria** ya superó a Irak como el segundo país de origen con mayor número de refugiados y hasta quizá se convierta en el primero (ver más adelante). El cuarenta y cinco por ciento de los refugiados proviene de Asia, el veintisiete por ciento de África, el quince por ciento de Europa y el ocho por ciento de las Américas.

El viaje de la esperanza

Los trágicos titulares de los refugiados que mueren en su camino a un nuevo comienzo siempre son noticia. Cincuenta y ocho personas procedentes de Afganistán y Pakistán se ahogaron cuando sus barcos zozobraron en las aguas entre Australia e Indonesia. Los cuerpos de cuatro mujeres y cincuenta y cuatro hombres chinos se descubrieron en un contenedor hermético en un puerto del Reino Unido. Otros viajeros estaban congelados, ahogados, asesinados o detenidos; sin embargo, esto no disuade a las decenas de miles de hombres, mujeres y niños que siguen vendiendo todo lo que tienen para pagarles a los traficantes de personas. A más de ochenta mil personas las declararon culpables de entrar o volver a entrar ilegalmente en los Estados Unidos en 2012. Las mujeres y las niñas corren especial riesgo de encuentros peligrosos y degradantes durante su viaje. Los peligros aún no terminan cuando llegan a los centros de procesamiento o detención, sobre todo si no están separadas de los hombres.

Solicitud de asilo

Casi medio millón de personas pidieron asilo en el mundo desarrollado en el año 2012, en diez años. Los Estados Unidos siguieron siendo el destino más favorito. Europa recibió el mayor número de solicitudes de asilo de todas las regiones, con Alemania a la cabeza, seguido por Francia y Suecia. Las mujeres, en especial las que viven solas, con discapacidad o de edad avanzada, no siempre son conscientes de sus derechos cuando hacen su solicitud. Quizá también se nieguen o teman relatar lo que han sufrido a sus entrevistadores masculinos. Las personas desplazadas que no pueden proporcionar la documentación como certificados de nacimiento, a menudo tienen que esperar varios años para una decisión acerca de su estado. Mientras tanto, pueden negarles los servicios básicos como de la salud y hasta de escolarización de sus hijos. Las certificaciones que los hombres y las mujeres obtuvieron en sus países de origen, títulos y formación especializada, no pueden reconocerse. Las madres solteras que no están autorizadas para encontrar empleo en su país de acogida y no tienen suficientes medios para los alimentos, el alquiler y otras condiciones para sus hijos se encuentran en una situación desesperada. Otras refugiadas descubren que el estrés de su nueva vida conduce a la violencia doméstica. Los esposos quizá las aíslen de las oportunidades que les ayudarían a lograr la fluidez en el idioma local y a integrarse mejor en sus comunidades. Los recién llegados también podrían enfrentar el racismo y la discriminación.

El resentimiento de los extranjeros en muchos países ha dado lugar a una creciente ola de legislaciones antiinmigratorias. Esto significa que millones de personas desplazadas, en lugar de encontrar refugio, se ven obligadas a trabajos forzados y a situaciones de explotación sexual para seguir vivas.

Escasos centros de refugio para mujeres

❑ **Siria:** El conflicto en este país ha dado lugar a más de dos millones de refugiados; las cifras seguían subiendo a mediados de 2013. La gran mayoría es de mujeres que no están acostumbradas a salir a trabajar y no tienen medios de subsistencia. En su desesperación, algunas se ofrecen a sí mismas o a sus hijas en matrimonio. Una mujer que concierta tales matrimonios con hombres árabes dice que la mayoría tiene entre cincuenta y ochenta años. «Piden niñas de piel blanca con ojos azules o verdes. Las desean jovencitas, de no más de dieciséis años»[3]. Mientras tanto, cada vez más informes surgen de las sirias secuestradas, agredidas o violadas en campos de refugiados, en particular el de Zaatari en Jordania, a donde huyeron cien mil personas.

❑ **Sudán y Sudán del Sur:** La prolongada guerra civil que finalmente llevó a la división de Sudán en dos países en 2011, desplazó a cinco millones quinientas mil personas. Cerca de cuatro millones son desplazados internos y un millón y medio buscaron asilo en países vecinos o en el extranjero. Varios miles que intentaron huir del norte musulmán a Sudán del Sur terminaron en asentamientos atestados e inseguros cerca de una sección en litigio de la frontera entre los dos países. Las viudas, las embarazadas y las ancianas en particular se esfuerzan por recorrer las largas distancias necesarias para encontrar comida y agua, y que a veces los atacan los no refugiados locales. Las mujeres adultas y las adolescentes han informado casos de violación o intento de violación, abuso y acoso sexual, aunque muchos casos de violencia no se denuncian por miedo a la estigmatización. Las víctimas que quedan embarazadas por tales ataques son a las que se culpan y condenan al ostracismo.

❑ **Grecia:** Para los cientos de miles de hombres y mujeres ansiosos para abrirse paso desde Europa del Este, Oriente Medio, Asia y África, Atenas se considera la puerta de entrada a occidente. Muchos analistas creen que hay entre un millón a mil trescientos millones de inmigrantes en el país, que constituyen hasta un diez por ciento de la población. Sin embargo, Amnistía Internacional protestó por las nuevas leyes que permiten la detención de migrantes irregulares y solicitantes de asilo, a menudo en condiciones terribles, hasta de un año y medio, basándose en la sospecha de portar enfermedades infecciosas como el VIH. El sistema disfuncional de Grecia implica que muchas mujeres y niñas refugiadas y desamparadas vivan en las calles.

❑ **Gran Bretaña:** Alrededor del treinta por ciento de todos los solicitantes de asilo en el Reino Unido son mujeres. Siete de cada diez no vienen acompañadas de marido, aunque casi la mitad se hace cargo de sus hijos. Entre las mujeres solas, alrededor del cuarenta por ciento son madres que las separaron de sus hijos de manera involuntaria. Un grupo de refugiados estima que a la mitad de las mujeres las violaron o las agredieron sexualmente antes de llegar al Reino Unido; no obstante, la organización caritativa *Asylum Aid* afirma que la Agencia de Fronteras del Reino Unido alega que las mujeres mienten cuando dicen que las violaron.

A menudo, las mujeres desplazadas están aisladas y marginadas, vulnerables en particular a la explotación y al abuso doméstico. Sin embargo, en muchas comunidades de refugiados en todo el mundo, muchas veces las autoridades civiles hacen caso omiso de la violencia contra las mujeres. La falta de acción se justifica como «respeto a las diferencias culturales». Mientras los hombres maltratadores se protejan bajo el disfraz de la corrección política, las mujeres no tienen ningún lugar al que acudir.

Consulta también la sección de este libro titulada «SOS: Violación como arma de guerra y extremismo religioso».

SOS

PASOS A SEGUIR

❑ Es probable que los refugiados vivan más cerca de ti de lo que piensas. Averigua dónde están y bríndales ayuda práctica y amistad. Incluso, puedes localizar una iglesia con refugio. Los recursos sobre y para los refugiados e inmigrantes se encuentran disponibles en algunas de las agencias que aparecen bajo «Refugiados» en el Apéndice 2 de este libro. Estas pueden ayudarte con orientación cultural, beneficios públicos, cuidado de niños y muchas otras cuestiones de interés para los recién llegados.

❑ Haz que tu iglesia o grupo cívico conmemoren el Día Mundial del Refugiado. Las Naciones Unidas lo estableció el 20 de junio, pero este podría convertirse en el enfoque de un Domingo Mundial del Refugiado antes o después de esa fecha. Tal vez puedas incluir una actividad dirigida a recabar fondos para un proyecto misionero en específico destinado a ayudar a los refugiados.

«SEÑOR, *tú conoces las esperanzas de los indefensos;*
ciertamente escucharás sus clamores y los consolarás.
Harás justicia a los huérfanos y a los oprimidos,
para que ya no los aterre un simple mortal».

SALMO 10:17-18, NTV

Notas
1. http://www.unhcr.org.uk/about-us/key-facts-and-figures.html
2. http://www.refintl.org/what-we-do/statelessness
3. http://www.bbc.co.uk/news/world-middle-east-22473573

18

SOS: ESCLAVAS RELIGIOSAS

Aunque se le llama servidumbre ritual o religiosa, la realidad es que esta es una de las formas más atroces de esclavitud infantil hoy en día.

INDIA Y NEPAL

«Nos cuesta entender las profundidades de la explotación que sufren estas mujeres, el quebrantamiento de su espíritu. Una devadasi *es una* dalit *[intocable], por lo que está en una casta baja de la escala social. Entonces, si es* devadasi, *no vale nada: lo más bajo de lo bajo».*

Dr. B. D'Souza, pediatra indio

La práctica se abolió legalmente hace más de ciento cincuenta años, pero los padres pobres en el sur de la India y Nepal siguen entregando a sus hijas de apenas cinco años en ceremonias de «matrimonio» a dioses o templos hindúes. Además de librarse de las niñas no deseadas, la familia espera que su ofrenda apacigüe a la deidad y les traiga su favor. En el pasado, dichas niñas, a veces llamadas *devadasis* o *joginis* servían como esclavas sagradas del templo o bailarinas. Una vez que llegaban a la pubertad, se esperaba que prestaran servicios sexuales a cualquier varón de una casta superior. La misionera Amy Carmichael dedicó su vida a rescatar y cuidar a cientos de estas niñas.

A las esclavas de los templos de hoy las explotan hasta que el sacerdote se cansa de ellas, entonces decide venderlas al mejor postor como concubinas infantiles. Al final, las niñas (y los hijos que conciben) los echan a la calle para que sobrevivan como puedan. Como siguen «casadas con los dioses», no se les permite casarse con nadie más. La mayoría se ve obligada a ir a los burdeles, con sus collares y brazaletes distintivos que declaran su estatus original como prostitutas del templo.

Se estima que en la actualidad existen alrededor de setenta mil *devadasis* solo en el estado de Karnataka y doscientas cincuenta mil en toda la India. Sin embargo, los grupos de mujeres se manifiestan en contra de esto y algunas organizaciones cristianas ofrecen estilos de vida alternativos para las niñas liberadas[1].

ÁFRICA OCCIDENTAL

Miles de niñas de África occidental de tan solo cuatro años de edad también han sido ofrecidas a los dioses como expiación por alguna ofensa cometida por un familiar. Las *«trokosis»*, que literalmente significa «esposas esclavas de los dioses», son parte de una tradición de hace trescientos años en la región del Alto Volta que abarca a Ghana, Nigeria, Benín y Togo. Hasta el siglo XVIII, los sacerdotes fetichistas aceptaban animales como ofrenda de las familias temerosas de las represalias de los dioses. Entonces, más tarde, los sacerdotes decidieron que una joven virgen sería más útil para fines domésticos y sexuales.

Se supone que el período de servicio de un esclavo sea de tres a cinco años, según la naturaleza del pecado que se expía. No obstante, la mayoría de las familias de las *trokosis* no pueden costear el altísimo precio de redención exigido para comprar a sus hijas. Además, viven con un auténtico temor de disgustar a los dioses. Si el sacerdote muere, la mujer pasa a ser propiedad de su sucesor. En cambio, si la niña muere sin que su familia la redima, esta se debe sustituir con otra virgen. También deben sustituirla si ella huye. El ciclo puede continuar por generaciones.

Las esclavas *trokosis* viven en condiciones infrahumanas: violadas y golpeadas con frecuencia, les dan harapos para vestirse y las obligan a mendigar comida, no reciben educación ni atención médica y trabajan largas horas en los campos del sacerdote. A menudo su salud es frágil. Los bebés nacidos de estas niñas deben convertirse también en esclavos del sacerdote, a pesar de que este no se responsabiliza de su cuidado y ella es la que debe proveer para sus hijos. A las que se resisten las golpean hasta la sumisión[2].

Gracias a los esfuerzos de las organizaciones no gubernamentales, ahora muchos santuarios han abandonado la práctica de las *trokosis*, y se liberaron y rehabilitaron a dos mil novecientas mujeres. En 1998, Ghana aprobó una ley que prohíbe la práctica. Sin embargo, miles de niñas permanecen aún en la esclavitud; algunos estiman que hasta treinta y cinco mil en los cuatro países. La ley es difícil de aplicar, ya que muchas personas insisten en que se trata de una parte de su cultura y les temen al poder de los dioses... y a los sacerdotes.

SOS

PASOS A SEGUIR

❑ Apoya la labor de *Every Child Ministries* y de *International Needs*, los cuales ayudan a liberar y rehabilitar a niñas *trokosis*, y trabajan en favor de la abolición del sistema. Quizá tú, tu iglesia u otro grupo pudieran recabar fondos que les permitan comprarles la vida a niños esclavizados.

❑ La *Dalit Freedom Network* es solo una de las muchas agencias no gubernamentales que trabajan entre las *devadasis* de la India. También aboga por las mujeres y niñas *dalits* víctimas de tan difícil situación, y les brinda educación y asistencia médica. Consulta las páginas web en el Apéndice 2.

«Como las aves, hemos escapado de la trampa del cazador; ¡la trampa se rompió, y nosotros escapamos!»

SALMO 124:7

Notas
1. La principal fuente del material de esta sección es la de *Anti-Slavery Society*
2. *Ibíd*

19

SOS: TRATA DE NIÑAS Y MUJERES

El comercio ilegal de seres humanos es el problema principal de los derechos humanos del siglo XXI. Es uno de los negocios de más rápido crecimiento y lucrativos del mundo, ganando cerca de treinta y dos mil millones de dólares al año u ochenta y siete millones cada día. Se estima que unos veintisiete millones de adultos y trece millones de niños en este planeta son víctimas de la trata de personas. Cada nación está involucrada.

❏ La mayoría de las personas que se importa o exporta por las fronteras se usa para trabajos forzados o de sexo. El ochenta por ciento son mujeres. Las embarazadas no son la excepción; es más, muchas veces son el blanco elegido porque sus bebés se venden en el mercado negro cuando nacen.

❏ Del cincuenta al sesenta por ciento de las víctimas de la trata son *bebés y niños*. Un millón doscientos mil niños (dos tercios de los cuales son niñas) son víctimas por año. La gran demanda de los niños adoptados en muchos países constituye un mercado disponible. Alrededor de la mitad de los niños mayores se usa para la explotación sexual y el resto para trabajo forzado barato o para la mendicidad. A algunas niñas las secuestran y a otras las venden sus padres indigentes; cuanto más pequeño sea el niño, más perciben los traficantes. El temor al sida hace que el mercado busque parejas sexuales más jóvenes. El promedio de vida de un niño atrapado en la trata de esclavitud sexual es dos años. O bien los golpean hasta la muerte, o contraen VIH y sida o meningitis bacteriana, o mueren por sobredosis de drogas que les obligan a ingerir[1].

❏ Hoy en día, los esclavos son más baratos de lo que nunca han sido en la historia. El desempleo, la pobreza, el desplazamiento y la discriminación de género han contribuido al ilimitado suministro de trabajadores vulnerables que los codiciosos esclavizan con facilidad. Y a diferencia de las drogas, a una persona la pueden vender una y otra vez.

❏ La red de trata incluye a los reclutadores (quienes se ganan y abusan de la confianza de sus víctimas); los contrabandistas o los transportistas; las personas que proporcionan identificaciones y documentos de viaje falsificados; los que vigilan a las víctimas para que no se escapen; los clientes (propietarios y administradores de los clubes nocturnos, burdeles y otros propósitos de los empleadores); y los que entregan o blanquean el dinero de por medio.

❏ En alrededor del cuarenta y tres por ciento de los casos, los reclutadores conocen a las víctimas. Muchas mujeres jóvenes se sienten atraídas a otro país por falsas promesas de trabajo legítimo o por un «donjuán» que prepara a las niñas para las relaciones. Los traficantes de sexo pueden ganar veinte veces más de lo que pagan por una chica. A menudo, condicionan a sus propias víctimas mediante el hambre, las drogas, la violencia, la humillación y la violación, también les enseñan cómo realizar actos sexuales.

❏ La *recolección de órganos,* aunque no es tan frecuente como el trabajo o el tráfico sexual, es muy real. La Organización Mundial de la Salud estima que los traficantes obtienen de forma ilegal alrededor de siete mil riñones todos los años, ya que la demanda supera la oferta de órganos legalmente disponibles para el trasplante. El precio actual de los riñones es de sesenta y dos mil dólares, mientras que los hígados pueden generar el doble de esa cantidad, y los corazones y los pulmones aun más[2]. En algunos países, los «sintecho» han sido el blanco para la sustracción por la fuerza de sus órganos y los han dejado morir. En abril de 2013, un tribunal dirigido por la Unión Europea condenó a cinco médicos por sustracción y trasplante de riñones de manera ilegal. A los donantes los reclutaron de países pobres de Europa del Este y Asia Central a los que les prometieron cerca de quince mil euros (diecinueve mil quinientos cuarenta dólares) por sus órganos[3]. El primer caso de una persona (mujer) objeto de trata para Gran Bretaña con el fin de sustraerle sus órganos se descubrió en 2012. Según «Doctores contra la Sustracción Forzada de Órganos» (DAFOH, por sus siglas en inglés), China ha recolectado los órganos de los presos ejecutados desde hace casi treinta años. Sin embargo, los informes indican que los órganos también se les han extirpado a los presos de conciencia vivos y se han trasplantado con fines de lucro[4].

❏ El tráfico sexual ha representado un papel importante en la propagación mundial del VIH y del sida. Dado que las niñas obligadas a prostituirse casi siempre reciben más dinero por tener relaciones sexuales sin preservativos, esta es la práctica preferida por la mayoría de sus «dueños».

La «Convención sobre la Eliminación de todas las Formas de Discriminación contra la Mujer», a menudo descrita como la carta internacional de derechos para la mujer, se adoptó en 1979 por la Asamblea General de la ONU. La trata de mujeres se definió a fin de incluir «esclavitud sexual, en general y a manos de los militares, el engaño de mujeres inmigrantes y "pedidas por correo" y falsos matrimonios». La Convención exhortó a los países a «adoptar medidas adecuadas, legislativas y de otro carácter, con las sanciones correspondientes, que prohíban toda discriminación contra la mujer». Todas las naciones que ratificaron esta declaración se obligaron legalmente a implementarla. Los siete estados miembros de la ONU que no ratificaron ni accedieron a la convención son: Irán, Palau, Somalia, Sudán del Sur, Sudán, Tonga y los Estados Unidos. Los Estados Unidos y Palau firmaron, pero no la han ratificado todavía.

Al menos sesenta países han aprobado nuevas y duras leyes de lucha contra la trata en la última década. A pesar de estas medidas, el tráfico sigue en aumento.

EUROPA

En 2012, un estudio realizado por la Organización Internacional del Trabajo indicó que ochocientas ochenta mil personas de la Unión Europea hacen trabajos forzados, incluyendo la explotación sexual. Muchas de estas son menores de edad. Gran parte proviene de Europa Central o del Este. La comisión de la Unión Europea afirmó que la crisis económica provoca el incremento del número de personas objeto de trata para el sexo, el trabajo duro y la donación de órganos. La falta de controles fronterizos entre los países de la UE ha facilitado el tráfico, y la prostitución legalizada en muchos lugares también genera oportunidades para el crimen. Veintiún estados miembros han fracasado en la implementación de la ley contra la trata[5].

❑ **Moldavia:** El país más pobre de Europa es el principal exportador de mujeres. Desde 1991, cuatrocientas cincuenta mil niñas desaparecieron de este pequeño país postsoviético de apenas cuatro millones de habitantes.

❑ **Bulgaria:** Junto con Rumanía, los dos países más pobres de la Unión Europea alimentan la industria de la trata. Las de origen romaní (gitana) son las más vulnerables. Si bien es imposible dar cifras exactas debido a las operaciones encubiertas, se cree que alrededor de diez mil búlgaras son víctimas de las actuales operaciones de trata internacional en varios países.

❑ **Rumanía:** Un tercio de las víctimas en Rumanía son niños. Los niños «sintecho», en particular, cada vez más han sido objeto de la trata con engaños y obligados a prostituirse en España, Grecia, Alemania y Holanda. El nacimiento de miles de niños rumanos y de otros países no se registra, por lo que solo pueden «desaparecer».

❑ **Albania:** A más de ocho mil niñas albanesas las enviaron a la industria del sexo en Italia, más del treinta por ciento son menores de dieciocho años. Casi a diario secuestran adolescentes de las calles, las discotecas y hasta de las escuelas. Se explotan a los niños para obligarlos a mendigar, cometer delitos menores y otros trabajos en muchas partes de Europa.

❑ **Austria:** En 2013, los medios de comunicación de Austria informaron acerca de los planes de un empresario austríaco para abrir el prostíbulo más grande de Europa, el «FunMotel», de catorce millones doscientos mil euros, en una secreta localidad cerca de la frontera checa. El propietario espera ofrecer las mujeres a «precios asequibles» a los mil visitantes diarios. Un estudio de 2010 hecho por la red europea para la prevención de VIH/ITS y promoción de la salud entre las trabajadoras sexuales inmigrantes arrojó que el setenta y ocho por ciento de las trabajadoras sexuales de Austria no eran austríacas[6].

❑ **Italia:** La trata de mujeres y niñas para la prostitución y trabajo forzado en Italia es un problema en crecimiento. Por lo general, las niñas provienen de Albania, Nigeria, la antigua Unión Soviética y Europa del Este.

❑ **Alemania:** La policía recoge o se pone en contacto con seiscientas a ochocientas jovencitas cada año que son víctimas de traficantes de personas. Las estimaciones sugieren que al menos diez mil mujeres, en su mayoría de Europa Central y del Este, viven como prostitutas obligadas entre las trescientas mil a cuatrocientas mil trabajadoras sexuales a tiempo parcial y a tiempo completo. Un número muy pequeño de ellas logra escapar y huir[7]. Sin embargo, a las mujeres extranjeras que escapan de la prostitución las consideran «inmigrantes ilegales» en Alemania y solo les permiten permanecer durante el proceso penal cuando testifican en contra de los perpetradores. A pesar de que corren un gran riesgo personal al hacer una declaración, las deportan cuando se cierra el caso, casi siempre sin compensación financiera. La prostitución es legal y también lo son los prostíbulos, aunque muchos están registrados ilegalmente como gimnasios.

❑ **Grecia:** Cada vez se usa más como un punto de destino y de tránsito para la trata, con dieciséis mil y veinte mil mujeres en el país en cualquier momento. Un analista estima que alrededor de cuarenta mil mujeres de entre doce y quince años las envían a Grecia cada año para la prostitución. Al setenta y cinco por ciento de las niñas las engañan con la promesa de que les darán otra clase de empleo.

❑ **Países Bajos:** El número de víctimas de trata denunciados casi se ha triplicado en los últimos diez años. Veinticinco mil mujeres, muchas de países pobres, trabajan como prostitutas, y un experto de la ONG «Igualdad». Ya afirma que alrededor del ochenta al noventa por ciento de las mujeres son extranjeras[8]. Muchas niñas africanas traídas aquí se vuelven a vender a otros países europeos.

❑ **Ucrania:** Alrededor de ciento diecisiete mil ucranianos se han visto obligados a la servidumbre durante años, en su mayoría mujeres y niños. Casi todas las mujeres caen víctimas de falsas ofertas laborales y luego las obligan a prostituirse. En su mayoría, los huérfanos son víctimas debido a la falta de protección y supervisión cuando abandonan las instituciones estatales[9].

❑ **Reino Unido:** Un estudio del Centro de Justicia Social en 2013 identificó mil casos de trata, pero advirtieron que las cifras oficiales son apenas «un pálido reflejo del verdadero tamaño del problema». El informe reveló un «impactante submundo» y lamentaba el hecho de que los trabajadores sociales «no estaban equipados» para identificar a las víctimas de la esclavitud moderna. A menudo, también la policía se quedaba corta a la hora de brindar protección en estos casos.

ASIA

El sudeste asiático es uno de los más grandes exportadores del mundo de esclavos sexuales a prostíbulos de Japón, China, Australia, Europa y Estados Unidos. El propietario de un burdel en el sudeste asiático puede comprar a una mujer o un niño por apenas cincuenta dólares[10].

❑ **Tailandia:** Este país sigue siendo uno de los principales centros de la trata de seres humanos. La Coalición Contra el Tráfico de Mujeres estima que un millón de mujeres y niños de distintas nacionalidades han sido víctimas de la trata en Tailandia, con las más altas cifras de la prostitución importadas de **Birmania (Myanmar).** Al menos cincuenta mil niñas y mujeres birmanas trabajan en Tailandia como prostitutas en un momento dado. Decenas de miles de niñas también las traen aquí desde el **sur de China, Camboya, Laos, Vietnam, Uzbekistán** y **Rusia.**

La trata interna es también muy grande en Tailandia, de padres que envían a sus hijas al mercado sexual de Bangkok a fin de obtener dinero para la familia. Lo típico es que un traficante en el país pague veinticinco dólares por «alquilar» un niño mendigo[11]. Otras tres mil mujeres y niños tailandeses se envían cada año a la cercana **Camboya** para prostituirlos y a **China** para trabajo doméstico. Grandes cantidades de tailandesas, hasta setenta mil, soportan condiciones de esclavitud en la industria sexual **japonesa**.

❑ **Nepal:** Se estima que de doce mil a quince mil niñas entre seis y dieciséis años se las llevan a las fronteras con India cada año. A casi todas las secuestran los traficantes o los padres indigentes las venden para trabajo doméstico o fabril; o, si son adolescentes, para trabajo sexual. Los traficantes venden a las niñas y las mujeres a intermediarios por unos mil dólares, quienes a su vez las venden a los burdeles. Cuando las niñas se contagian de sida, como le sucede a la gran mayoría, las desechan. Lo mismo sucede con los bebés VIH positivos.

❑ **China:** Este es un importante país de origen, tránsito y destino de la trata. Hasta un noventa por ciento de los seiscientos mil chinos que buscan trabajo en el extranjero cada año lo hacen por vías ilegales, utilizando los sindicatos internacionales y las bandas locales. El número de chinas obligadas a prostituirse en el extranjero va en aumento y hasta secuestran unos veinte mil niños cada año para la adopción ilegal[12]. Además, la escasez de mujeres debido a la política de «un solo hijo» de China ha dado lugar a la trata de al menos doscientas cincuenta mil mujeres y niños dentro de China.

SUDESTE ASIÁTICO

❑ **Bangladés:** Los observadores de los derechos humanos estiman que cada año se trafican con más de veinte mil mujeres y niños desde este país con el propósito de prostitución forzada. En 2013, *International Christian Concern* informó el rescate de más de ciento cuarenta niños de los centros de formación islámicas (madrazas) en los nueve meses anteriores. La mayoría de los niños como estos son objetos de la trata interna debido a su fe cristiana. Casi la mitad de los rescatados eran mujeres; dijeron que las utilizaron para realizar trabajos forzados en los hogares musulmanes y para la esclavitud sexual[13].

❑ **Pakistán:** De acuerdo con un informe de la Comisión Asiática de Derechos Humanos, alrededor de veinte mil niños que padecen de microcefalia los envían a la servidumbre como mendigos forzados. La microcefalia es un trastorno del desarrollo neurológico que causa que los niños tengan la cabeza pequeña. Miles de niños paquistaníes de tan solo cuatro años también fueron víctimas de la trata en los Emiratos Árabes Unidos y otros países del Golfo para trabajar como jinetes de camellos. Esta práctica abusiva se prohibió en 2002, pero no se implementó hasta el año 2005[14].

ORIENTE MEDIO

La Organización Internacional del Trabajo informó en 2013 que seiscientos mil trabajadores inmigrantes podrían estar haciendo trabajos forzados en el Oriente Medio. Muchos viven en condiciones deplorables; los violan, los maltratan o los mantienen presos[15].

❑ **Líbano:** Mujeres de Etiopía, la antigua Unión Soviética y hasta ciento setenta mil de Sri Lanka fueron al Líbano esperando trabajar como domésticas; en cambio, informaron que las obligaban a trabajar como esclavas y las explotaban sexualmente.

❑ **Turquía:** Uno de los principales destinos de las víctimas de la trata, en especial las mujeres de la antigua Unión Soviética.

❑ **Irak:** Se informa que a las adolescentes vírgenes en Irak las venden a los traficantes de seres humanos por cinco mil dólares, el doble de precio de las que no son vírgenes. Las niñas son objeto de tráfico en el norte de Irak, Siria y los Emiratos Árabes Unidos[16].

❑ **Arabia Saudí:** Se estima que entre mil y mil quinientos niños de la India y los países vecinos se introducen de contrabando en Arabia Saudí cada año para rogar por sus empleadores durante la temporada del *haj* [peregrinación a la Meca]. Lo más probable es que tengan que enfrentar palizas y a veces hasta la mutilación a fin de tratar de mejorar las posibilidades de ganar más dinero. Apenas unos pocos regresan a casa.

ÁFRICA

❑ **Sudáfrica:** Importante punto de tránsito entre los países en vías de desarrollo y Europa, Estados Unidos y Canadá. Ahora, la trata de mujeres y niños para la prostitución forzosa aquí se ha convertido en la tercera mayor fuente de ganancias para el crimen organizado, después de las drogas y las armas de fuego. Por lo general, a las niñas se las roban de los centros comerciales, las paradas de ómnibus y de taxis, y las drogan. Mientras están drogadas, las violan y les toman fotos que las usan para amenazarlas y controlarlas. Les quitan la ropa y los zapatos para que no escapen. Sudáfrica cuenta con unas treinta mil niñas prostitutas.

❑ **Mozambique:** Según datos de la UNICEF, cada año alrededor de mil mujeres y niños mozambiqueños los venden a burdeles en Sudáfrica y otros países. Los traficantes pueden comprar una niña por tan poco como dos dólares o hasta mil dólares[17].

❏ **Ghana:** El mercado de tráfico humano en Ghana permite que un niño se les compre a los padres por cincuenta dólares. El traficante puede venderlo o alquilarlo por hasta trescientos dólares, lo que le genera una ganancia anual de doscientos cincuenta dólares[18].

❏ **Nigeria:** La UNESCO clasifica la trata como el tercer delito más común en Nigeria, después de la estafa y del tráfico de drogas. A las madres adolescentes a veces las obligan a entregar sus recién nacidos a los traficantes, que pueden venderlos en adopciones ilegales por hasta sesenta y cuatro mil dólares a cada uno, dependiendo del sexo. Aunque por la compra y venta de bebés se puede recibir una condena de catorce años de cárcel, muy pocas veces atrapan a los traficantes[19]. El traslado de jóvenes nigerianas a otros países es también un gran negocio. A menudo, coaccionan a las niñas con amenazas a sus familias y rituales de vudú. Las Naciones Unidas estiman que entre ocho mil y diez mil mujeres se trafican hacia la industria de la prostitución solo en Italia cada año. Luego, las obligan a pagarles a sus proxenetas entre cuarenta mil y setenta y ocho mil dólares[20].

AMÉRICA LATINA

❏ **Brasil:** El avance de la economía de este país ha atraído a un creciente número de inmigrantes de Bangladés, Haití y África, fomentando las pandillas que se especializan en el contrabando de personas. Una vez en Brasil, a los inmigrantes los explotan y los obligan a pagarles a los contrabandistas diez mil dólares. Cada año, un promedio de mil brasileños se los llevan al extranjero y los someten principalmente a la explotación sexual y el trabajo esclavo.

❏ **Colombia:** La Interpol estima que treinta y cinco mil mujeres son víctimas del tráfico de Colombia cada año, con ganancias estimadas en quinientos millones de dólares. La edad promedio de las víctimas de trata es de catorce años[21].

❏ **México:** Clasificado por las Naciones Unidas como el principal proveedor de niños a América del Norte. A casi todos los envían a las organizaciones internacionales de pedofilia. La mayoría de los niños mayores de doce años termina prostituyéndose.

CARIBE

❏ **República Dominicana:** Tiene la tasa más alta de tráfico en el Caribe. Según informes, a las mujeres y los niños dominicanos los someten a la prostitución forzada en su propio país y en todo el Caribe, Europa, Sudamérica y Estados Unidos. Las redes de contrabando han enviado más de cincuenta mil al comercio sexual en el extranjero. A las niñas las suelen atraer a los matrimonios de manera fraudulenta, y después los así llamados «maridos» las venden para la prostitución.

❑ **Haití:** Desde el terremoto en Haití de 2010, se ha desarrollado una extensa red. Se estima que entre doscientas mil y trescientas mil víctimas se trafican internamente, mientras que los números del tráfico internacional es de algunos miles. Los contrabandistas cobran hasta cinco mil dólares por persona por falsas promesas de trabajo o educación. En 2011, vendieron a América del Sur más de tres mil haitianos[22].

AMÉRICA DEL NORTE

❑ **Canadá:** Se estima que trescientas mil personas son víctimas de la trata en Canadá: Ciento cincuenta mil proceden del extranjero y la misma cantidad son del tráfico interno en todo el país[23]. Cada semana este país recibe alrededor de doce niñas o mujeres asiáticas de entre dieciséis y treinta años con un visado de turista. A continuación, se venden a los propietarios de los burdeles en Markham, Scarborough, Toronto y Los Ángeles y se ven obligadas a la servidumbre por una deuda de cuarenta mil dólares. La mafia vietnamita y china están expandiendo sus operaciones en los prostíbulos de Toronto, traficando con mujeres del sudeste asiático. En Canadá, el tráfico sexual femenino es alto entre las niñas aborígenes o de los pueblos autóctonos. Un proxeneta pagará alrededor de cinco mil dólares canadienses a un traficante por una sola niña y ganará alrededor de doscientos ochenta mil dólares canadienses de ella en un año[24].

❑ **Estados Unidos:** La trata de seres humanos se ha informado en los cincuenta estados, casi siempre en Nueva York, California y la Florida. El FBI estima que a través de las fronteras traen hasta dieciocho mil mujeres y niños al año, sobre todo para la industria del sexo, aunque también para ganar dinero para sus «dueños» como sirvientas, vendedores ambulantes de baratijas en los subterráneos y autobuses, obreros de trabajo esclavo en fábricas o en la agricultura y mendigos. La mayoría de los niños tienen entre doce y catorce años de edad cuando ingresan a la industria del comercio sexual en Estados Unidos. En 2008, la patrulla fronteriza de Estados Unidos detuvo a unos ocho mil menores de edad solos en la frontera. En 2012, ese número se disparó a casi veinticinco mil[25].

Estados Unidos es el principal país de destino para los niños pequeños secuestrados y víctimas de la trata para su adopción por parejas sin hijos que no están dispuestas a esperar un niño a través de las agencias y los procedimientos legales de adopción. El mayor proveedor es México. A los niños mexicanos mayores de doce años de edad también los secuestran y trafican a Estados Unidos para la prostitución infantil.

Las chinas se venden en Estados Unidos para los burdeles de Nueva York y Carolina del Norte, y luego las obligan a trabajar en la servidumbre para pagar una deuda de cuarenta mil dólares. Algunas mujeres víctimas de la trata las hacen pagar por su traslado teniendo relaciones sexuales con hasta quinientos hombres.

SOS

PASOS A SEGUIR

❑ Considera la posibilidad de organizar un «Domingo de la Libertad» en tu iglesia que promueva la concienciación sobre el problema de la trata de personas. Consulta la página web *Not for Sale* y otras páginas de varias organizaciones citadas bajo «Trata de mujeres y niñas» en el Apéndice 2.

❑ ¿Cuán equipada está tu ciudad o país para reconocer y lidiar con las víctimas de esclavitud humana? Infórmate de los refugios y del personal de apoyo, si los hubiera, que están disponibles. En la mayoría de los lugares hay una gran deficiencia de alojamiento seguro y asesoramiento de las niñas y las mujeres con traumas graves, en especial las que nacieron en el extranjero. El Ejército de Salvación es una agencia que ha hecho de la asistencia a sobrevivientes su prioridad. Quizá tú puedas ser un voluntario. Anima a los políticos para que aprueben más medidas que ayuden, y consigue gente que ejerza presión contigo.

«Pero éste es un pueblo saqueado y despojado, todos atrapados en cuevas o encerrados en cárceles.
Son saqueados, y nadie los libra; son despojados,
y nadie reclama».
ISAÍAS 42:22

Notas
1. http://www.mannafreedom.com/get-informed-about-human-trafficking/what-ishuman-trafficking/

2. http://fightslaverynow.wordpress.com/why-fight-there-are-27-million-reasons/otherformsoftrafficking/organ-removal/
3. http://www.rawstory.com/rs/2013/04/29/five-doctors-jailed-in-kosovo-for-illegalorgan-harvesting-and-transplants/
4. http://www.dafoh.org/es/extraccion-de-organos-sin-etica/sustraccion-forzada-de-organos-en-china/
5. http://euobserver.com/social/119800
6. http://www.praguepost.cz/opinión/16280-out-in-the-open.html
7. http://www.dw.de/ germany-lags-behind-in-protection-of-forced-prostitutes/a-16837388
8. http://www.praguepost.cz/opinión/16280-out-in-the-open.html
9. http://www.mannafreedom.com/get-informed-about-human-trafficking/what-ishuman-trafficking
10. http://www.mannafreedom.com/get-informed-about-human-trafficking/what-ishuman-trafficking/
11. Fuente de información: *Havoscope*, «Global Black Market Information», en havoscope.com
12. http://www.humantrafficking.org/countries/china
13. http://www.persecution.org/2013/05/05/young-christian-girls-trafficked-into-forcedlabor-and-sex-slavery/
14. http://www.soschildrensvillages.ca/news/news/child-charity-news/pages/childtrafficking-pakistan-715.aspx
15. http://edition.cnn.com/2013/04/09/world/meast/mideast-migrant-workers
16. Fuente de información: *Havoscope*, «Global Black Market Information», en havoscope.com
17. *Ibíd*
18. *Ibíd*
19. http://www.guardian.co.uk/law/2011/jun/02/nigeria-baby-farm-raided-humantrafficking
20. http://www.voanews.com/content/most-trafficked-into-italys-sex-tradenigerians-150206105/370025.html
21. http://www.orphanhopeintl.org/facts-statistics/
22. http://www.alterpresse.org/spip.php?article13616#.UZ35pNhTEow
23. Fuente de información: *Havoscope*, «Global Black Market Information», en havoscope.com
24. *Ibíd*
25. http://www.aljazeera.com/indepth opinion/2013/04/201342387040405.html

SOS: VIUDAS

Cuando una mujer se queda viuda, se convierte en miembro de uno de los grupos de personas más grandes, marginales e invisibles. Las mujeres que ya están traumatizadas se convierten en víctimas de la sociedad.

De los doscientos cuarenta y cinco millones de viudas del mundo, ciento quince millones viven en la extrema pobreza y ochenta y un millones han sido víctimas de maltratos, solo por ser viudas. Más de un millón y medio de sus hijos morirán antes de los cinco años de edad[1].

ÁFRICA

A millones de viudas en el **África subsahariana** les roban, las golpean, violan y expulsan de sus hogares (a menudo por su propia familia política), porque se considera que las mujeres no son merecedoras de la igualdad de derechos de propiedad. Ese trato ilegal es incluso más común cuando el esposo muere de sida.

❑ **Camerún:** En las Tierras Altas, cuando un hombre muere, la sociedad acusa en seguida a la esposa de brujería. La obliga a afeitarse la cabeza y a vestir harapos por siete semanas. No puede bañarse ni cocinar. Durante el año siguiente, no puede ganar dinero ni actuar como cabeza de familia. Los maltratos de la viuda se consideran un castigo, una prueba de fidelidad y un ejercicio de purificación. Para el viudo, sin embargo, hay pocas consecuencias. Puede regresar al trabajo de inmediato y volver a casarse pronto.

❑ **Ghana:** Este país tiene seis «campamentos para brujas», cada uno con hasta mil mujeres que huyeron hacia allí para evitar que las golpearan, torturaran o asesinaran luego de que se las declarara brujas. Un relato de la BBC News en septiembre de 2012 informó que casi todas las mujeres en estos campamentos son de edad avanzada y quizá las tres cuartas partes sean viudas, lo que sugiere que las acusaciones se hacen con el fin de tomar el control de los bienes de las viudas. Las condiciones en los campamentos son básicas, sin agua corriente ni electricidad, y ofrecen escasos medios de supervivencia.

❑ **Malí:** El nuevo código de familia en 2012 redujo los derechos de las viudas de Malí. Antes de esto, de forma automática se les permitía encargarse de sus hijos. Ahora, un consejo de familia decide quién se encarga de los hijos.

❑ **Zimbabue:** Es común que a las viudas de las zonas rurales las acusen de causarle la muerte a sus esposos, así como de hechizar a las personas y ocasionarles el sida. Por lo general, a estas mujeres y a sus hijos los desalojan de sus hogares y los desheredan. Las viudas son el grupo más pobre y estigmatizado de la sociedad.

❑ **Nigeria:** A las viudas nigerianas también se les culpa a menudo de asesinar a sus maridos, a menos que puedan probar su inocencia. Las oportunidades de empleo son escasas y la mayoría vive en la indigencia.

❑ **Suazilandia:** Aquí las mujeres solo tienen derechos limitados para poseer tierras, realizar acuerdos contractuales y actuar de manera independiente de sus padres y maridos. Cuando sus hombres mueren, las suazis se quedan sin tierra, dinero o habilidades para ganarse la vida.

❑ **Zambia[2]:** Al igual que en muchas otras áreas, las viudas sufren la discriminación y la injusticia y, a menudo, se ven privadas de una herencia. Los actos obligatorios de duelo pueden incluir:

➤ Obligación de arrastrarse alrededor del lugar del velatorio o la tumba del esposo fallecido
➤ Recibir bofetadas y pasar hambre
➤ Prohibición de bañarse o cambiarse de ropa durante días, semanas o un mes
➤ Permanecer debajo de una manta hasta el entierro
➤ Recibir insultos y gritos con obscenidades
➤ Aceptar acusaciones de haber matado al esposo y someterla a juicio por ordalía
➤ Soportar que le quiten la ropa hasta dejarla semidesnuda
➤ Privarse de parte o de la totalidad de sus bienes
➤ «Purificación» sexual (ver más abajo); por ejemplo, insistir que tenga relaciones sexuales con un pariente del difunto marido
➤ Perder la custodia de sus hijos, incluso de los bebés
➤ Obligación de vivir con los suegros
➤ Negarle la libertad de movimiento por meses o años; un virtual arresto domiciliario

En algunas zonas de África, las viudas se ven obligadas a someterse a los rituales sexuales con el fin de retener su propiedad. La «herencia de la esposa» le da derecho a un pariente masculino del marido muerto para hacerse cargo de la viuda como esposa, a menudo en una familia poligámica. Por lo general, la «purificación ritual» implica tener relaciones sexuales con un marginado social, como el borracho del pueblo, a quien le paga la familia del difunto esposo. Esto se supone que limpie a la mujer de los malos espíritus de su marido. Esta práctica no solo es humillante y degradante, sino peligrosa, pues a menudo conduce a la propagación del sida. A las mujeres que se defienden las golpean, violan o someten al ostracismo[2]. Puesto que los cientos de miles de «purificadores» en acción a través de África están, evidentemente, propagando enfermedades, algunos pueblos han interrumpido esta práctica, aunque no todos[3].

ASIA

❑ **Nepal:** La forma más grave de abuso a la viuda es el de tildarla de *bokshi* (bruja) y achacarle la responsabilidad por la muerte de su esposo. A tales mujeres las pueden apedrear, golpear o quemar vivas. Otras viudas, sobre todo en zonas rurales de Nepal[4], las tratan casi siempre como parias, y las autoridades de la comunidad las maltratan. En algunas zonas, las viudas se ven obligadas a afeitarse la cabeza y llevar ropa blanca. En la mayoría de los lugares les restringen la alimentación a vegetariana con límite en las especias, etc. Las viudas deben cocinarse y no pueden comer alimentos que tocaron otros.

❑ **India Quema de la viuda:** La tradición hindú del *sati o suttee* se usaba para dictaminar que a las viudas las arrojaran (o las empujaran) a la pira funeraria de su marido. Esto se declaró ilegal en 1829 después de la cruel muerte de miles de mujeres. Sin embargo, la práctica continuó durante muchos años más y todavía se practica de vez en cuando[5].

Después de la prohibición legal del *suttee*, a menudo las viudas eran objeto de una ceremonia que las degradaba. Les afeitaban la cabeza y les prohibían usar adornos personales. Incluso hoy en día, se estima que a cuarenta millones de viudas, tanto hindúes como musulmanas, casi siempre se les culpa y se les despoja de los derechos de propiedad. Muchas huyen de sus hogares para escapar de suegros abusivos. En las comunidades tribales, a las viudas las pueden acusar de brujas y matarlas. Las viudas hindúes que vuelven a casarse son mal vistas; cuanto mayor sea la casta o posición social, más sus restricciones. En algunas castas se practica el matrimonio por *levirato:* el hermano del esposo fallecido toma la viuda por esposa. Es probable que las hijas de viudas se enfrenten a un futuro más sombrío aun. Sin nadie que provea una dote, las casan con casi cualquier persona que quiera tomarlas, a menudo por hombres mayores[6].

❏ **Abandonados:** En 2001, después de la gran fiesta hindú Kumbh Mela en Allahabad que atrajo a millones de devotos de toda la India, las familias abandonaron a diez mil madres viudas de edad avanzada y a otros familiares no deseados. Estas pobres y enfermizas mujeres sobrevivieron como pudieron de día en día, esperando que alguien regresara a buscarlas. A personas no deseadas las abandonaron de nuevo después de la celebración de Kumbh Mela de 2013 y se estima que diez mil personas viven en la indigencia en las ciudades sagradas de Allahabad y Varanasi[7]. Otras quince mil viudas hindúes aisladas aguardan la muerte en la ciudad sagrada de Vrindaban en India central, creyendo que morir allí las liberará del interminable ciclo de la reencarnación[8].

❏ **Sri Lanka**: Años de lucha interna en este país han dejado a muchos miles de viudas. Las esposas de los hombres que murieron en las fuerzas armadas solo tienen derecho a beneficios si no se casan. Sin embargo, las mujeres sin hombres en esta cultura se consideran anormales, y son vulnerables a la explotación sexual y económica. Las viudas también temen que si se vuelven a casar, maltratarán a los niños de sus primeros esposos.

ORIENTE MEDIO

❏ **Afganistán:** Con un estimado de dos millones de viudas de guerra, Afganistán se le ha denominado la capital mundial de las viudas. Hasta cincuenta mil solo en Kabul, luchan cada día para alimentar y proteger a sus hijos. La mayoría cuenta con poca educación y nunca ha trabajado fuera de sus hogares. Para otros miembros de la familia, una viuda es una obligación[9].

❏ **Irak:** Más de dos millones de las mujeres de este país son viudas; la mayoría producto de la guerra. Algunas aceptan «matrimonios temporales» con el fin de sobrevivir, aunque viene asociado de vergüenza y de un estigma social. [Consulta también «SOS: Novias en riesgo»].

SOS

PASOS A SEGUIR

❏ El «Día Internacional de las Viudas», que se celebra el 23 de junio de cada año, lo creó la Asamblea General de la ONU en 2010 para resaltar las violaciones de los derechos de las viudas, con miras a garantizar su protección en virtud del derecho nacional e internacional, dándoles el poder y la restauración de su dignidad. ¿Por qué no elevar el perfil de estas mujeres que sufren mediante el reconocimiento del «Día Internacional de las Viudas»? Tal vez tu iglesia u otro grupo de mujeres puedan recaudar fondos para apoyar un proyecto misionero que implique la ayuda a las viudas.

«La religión pura y sin mancha delante de Dios nuestro Padre es ésta: atender a los huérfanos y a las viudas en sus aflicciones, y conservarse limpio de la corrupción del mundo».

SANTIAGO 1:27

Notas

1. http://appealforwidows.org/
2. http://allafrica.com/stories/201109020279.html; http://www.thebelievers.org/widows.html
3. http://www.nytimes.com/2005/05/11/international/africa/11malawi.html?pagewanted=print&_r=0; http://www.cnn.com/2013/03/21/world/africa/seodi-white-women-malawi/
4. http://asiafoundation.org/in-asia/2012/08/08/legislating-against-witchcraftaccusations-in-nepal/
5. http://www.refworld.org/cgi-bin/texis/vtx/rwmain?page=country&category=&publisher=RDCI&type=&coi=IND&rid=&docid=4b17a0cdf&skip=0
6. *Ibíd*
7. http://articles.latimes.com/2012/oct/16/world/la-fg-india-widows-20121016
8. http://www.rawa.org/temp/runews/2007/05/17/forgotten-women-turn-kabul-intowidows-capital.html
9. http://english.cntv.cn/program/asiatoday/20120924/107612.shtml

21

SOS: LAS MUJERES Y LA PANDEMIA DEL SIDA[1]

En 2012, la ONUSIDA denominó al virus de la inmunodeficiencia humana (VIH) la principal causa de muerte en las mujeres en edad reproductiva a nivel mundial. Siete mil cuatrocientas personas se infectan con VIH cada día, y las mujeres representan casi la mitad de los aproximadamente treinta y cuatro millones de personas que viven con el virus. En 2011, un estimado de un millón doscientas mil mujeres y niñas se infectaron. La proporción de diagnósticos de sida informada entre las mujeres se ha más que triplicado desde 1985. La gran mayoría contrae la enfermedad a través de las relaciones sexuales con hombres.

La «cura de la virgen»

En la Europa del siglo XVIII, los hombres con sífilis pagaban para tener relaciones sexuales con niñas en la creencia de que una virgen podría curarlos. Hoy en día, muchos hombres en África y Asia creen que las relaciones sexuales con una virgen pueden curar el virus del sida. Esto ha llevado a un trágico aumento de la infección entre las jovencitas.

Herencia y purificación de la viuda

En algunos países africanos existe una antigua tradición de que las mujeres cuyos maridos mueren las deben «heredar» un hermano o pariente cercano del fallecido. En muchos casos, a las viudas las deben «purificar» teniendo relaciones sexuales con un pariente antes de que la herede. Este ritual, de siglos de tradición en Zambia, Kenia, Malaui, Uganda, Tanzania, Ghana, Senegal, Angola, Costa de Marfil, Congo y Nigeria, se cree necesario para liberar el espíritu del marido muerto. De no hacerlo, tanto la viuda como todo el pueblo estarían en peligro. Como era de esperar, estas tradiciones han impulsado la rápida propagación del VIH y del sida: los esposos les transmitieron el

VIH a sus mujeres antes de morir, y las viudas se ven obligadas a tener relaciones sexuales con parientes infectados con VIH.

LOS HECHOS

❑ Fisiológicamente, las mujeres son hasta cuatro veces más vulnerables a la infección por el VIH que los hombres. Cada minuto en todo el mundo, una joven se infecta con el VIH. Las niñas de entre quince y veinticuatro años son las más vulnerables, y las jóvenes con parejas sexuales que les llevan diez o más años tienen de dos a cuatro veces más probabilidades de infectarse que las jóvenes con parejas de la misma edad o un año mayor.

❑ Muchas mujeres con VIH no están recibiendo la atención regular.

❑ La transmisión de hombre a mujer es doblemente probable que de mujer a hombre. En especial, el riesgo es alto en el caso del sexo no deseado con una pareja infectada, ya que es poco probable que se use el preservativo. La violencia, tal como la prostitución obligada, el incesto y la violación, incluida la violación conyugal, ponen a las mujeres y niñas en riesgo de contraer el VIH. Un informe de Sudáfrica sugiere que uno de cada siete casos de mujeres jóvenes que contraen VIH podría haberse evitado si no hubieran sido objeto de la violencia de pareja.

❑ En algunas sociedades es común que se crea que solo las mujeres «malas» tienen algún conocimiento de las relaciones sexuales antes de casarse. La verdad es que la falta de información contribuye en gran medida a la vulnerabilidad de las niñas y, a la larga, puede resultar fatal. A nivel mundial, menos del treinta por ciento de las jóvenes tienen un conocimiento adecuado e integral sobre el VIH.

❑ La mortalidad materna mundial sería un veinte por ciento menor si no existiera el VIH.

❑ Cerca de diecisiete millones trescientos mil niños en todo el mundo son «huérfanos del sida» debido a la muerte de al menos uno de sus padres. En Ruanda, se calcula que cuarenta y cinco mil familias están a cargo de niños como consecuencia de la muerte relacionada con el sida de los padres. El noventa por ciento de estas cabezas de familias son niñas.

❑ El enorme estigma social de estar infectado por el VIH lleva a muchas mujeres al riesgo de la transmisión del virus de madre a hijo al amamantarlo, dado que si no lo hacen, alertaría a las comunidades sobre su estatus de portadora del VIH. En general, solo el cincuenta y siete por ciento de las embarazadas infectadas participan en los programas de prevención de la transmisión de madre a hijo (PMTCT) del VIH.

❑ Las personas VIH positivas son mucho más vulnerables a desarrollar enfermedades como la tuberculosis y las formas graves de malaria debido a que sus sistemas inmunológicos débiles no pueden responder a la enfermedad con eficacia.

❑ A nivel mundial, el cuarenta y seis por ciento de las personas que necesitan tratamiento antirretroviral no lo reciben.

❑ A pesar del aumento y la disponibilidad de la prueba del VIH, *una de cada cinco personas infectadas con el VIH no sabe que es portadora.* Las personas diagnosticadas tarde son diez veces más propensas a morir dentro del año de dar positivo.

«Lamentablemente, esta epidemia sigue siendo una epidemia de mujeres».

Michel Sidibé, director ejecutivo de ONUSIDA

PANORAMA MUNDIAL

❑ **África subsahariana** sigue siendo el epicentro de la pandemia de sida con uno de cada veinte adultos infectados con VIH. El cincuenta y ocho por ciento de los adultos VIH positivos son mujeres. Las adolescentes son ocho veces más propensas a contraer sida que los varones.

❑ **Suazilandia**, seguido de **Botsuana** y **Lesoto**, tiene por ahora la mayor tasa de prevalencia del VIH en el mundo, con un veintiséis, veinticinco y veinticuatro por ciento respectivamente. **Sudáfrica** ocupa el cuarto lugar con poco menos del dieciocho por ciento o cinco millones seiscientas mil personas con VIH y sida. Casi un tercio de las muertes en Sudáfrica en 2011 estuvieron relacionadas con el sida. Aunque la tasa de mortalidad está disminuyendo, hay un creciente número de huérfanos del sida.

❑ Después del África subsahariana, las regiones más afectadas son **Europa del Este** y **Asia Central**. Las muertes relacionadas con el sida han aumentado en un veintiuno por ciento. El uso de drogas inyectadas es el medio principal de transmisión, probablemente porque solo el cinco por ciento de los adictos utilizan equipos estériles. Solo el veinticinco por ciento de las personas elegibles para recibir tratamiento lo reciben. En estas regiones, la prevalencia del VIH es dos veces más alta entre las jóvenes que entre los jóvenes.

❑   En **América Latina,** la epidemia ha manifestado una leve disminución, pero existe apenas un cincuenta y seis por ciento de cobertura del PMTCT y solo el sesenta y ocho por ciento de las personas infectadas recibe tratamiento antirretroviral. El **Caribe** ha mostrado una disminución del cuarenta y dos por ciento en nuevas infecciones.

❑   **América del Norte:** Se ha producido un aumento en el número de personas que vive con VIH y sida. En **Estados Unidos,** el ochenta por ciento de la incidencia del VIH se da entre mujeres afroamericanas e hispanas. Las relaciones heterosexuales son el principal medio de transmisión. Nueva York tiene, por mucho, el mayor número de mujeres que vive con VIH, seguidos de la Florida, Texas, California y Nueva Jersey. A más de ocho de cada diez mujeres las han diagnosticado, pero solo el setenta por ciento recibe tratamiento. En **Canadá,** alrededor de una de cada cuatro personas no sabe que es VIH positiva. La mitad de los diagnósticos positivos en las mujeres en años recientes se hicieron cuando eran menores de veinte años [AVERT].

❑   El número de nuevas infecciones en el **Oriente Medio** y el **norte de África** se ha incrementado en más de un treinta y cinco por ciento desde 2001, y el aumento de las muertes en un diecisiete por ciento. A casi todas las mujeres las infectan sus esposos o parejas que se involucran en conductas de alto riesgo y en su mayoría no son conscientes de su estado. Solo el siete por ciento de las mujeres embarazadas infectadas por el VIH recibe el PMTCT. El matrimonio precoz en esta región fuerza a las jóvenes a tener relaciones sexuales cuando sus cuerpos no están desarrollados por completo. Esto las hace vulnerables a los desgarros y abrasiones que pueden conducir a la infección por VIH. En **Senegal,** los hombres encuestados creen que la mutilación genital femenina es una ventaja, ya que reduce el deseo de la mujer y la ayuda a resistir a los hombres. La verdad es que esta práctica aumenta el riesgo de las mujeres de contraer el VIH y el sida. [Consulta también «SOS: Mutilación genital femenina»].

❑   **Europa Occidental: Gran Bretaña** contaba con más nuevos diagnósticos de VIH que cualquier otro país en el año 2011; sin embargo, **Francia** y **España** tienen alrededor del doble de la prevalencia de VIH en la población. Uno de cada veinticinco africanos en el Reino Unido son VIH positivos: Cuarenta veces la población blanca. El noventa y un por ciento de la transmisión es a través de relaciones heterosexuales, pero el cuatro y medio por ciento es de madre a hijo. Alrededor de una de cada cuatro personas en Gran Bretaña no sabe que tiene el virus *[Terrence Higgins Trust]*.

Intensificación del sufrimiento

En muchísimas regiones, las mujeres VIH positivas son objeto de *abuso físico y emocional, acusaciones de infidelidad, discriminación, rechazo y hasta, a veces, el asesinato cuando se revela su estado de positiva*. En algunos lugares, las mujeres son incluso consideradas responsables de las muertes relacionadas con el sida de sus maridos.

Casi cuatro de cada diez países en todo el mundo todavía carecen de algunas disposiciones legales específicas para prevenir o tratar la discriminación relacionada con el VIH. En Nigeria, por ejemplo, a una de cada cinco personas que vive con el VIH se le niega los servicios de salud. Veinte países tienen leyes que les permiten deportar a individuos que se les descubre que viven con el VIH. Cuarenta y cuatro países tienen algunos tipos de restricciones a los viajeros con el virus, y cinco les prohíben por completo la entrada.

La esterilización forzada de las mujeres VIH positivas en Namibia salió a la luz en 2007 y hay pruebas de al menos quince esterilizaciones desde 2008. Historias similares se han documentado en Zambia y en la República Democrática del Congo.

Las buenas noticias

Aunque las epidemias nacionales se siguen expandiendo en muchos lugares, veinticinco países han visto una disminución del cincuenta por ciento o más en las nuevas infecciones desde 2001.

En 2011, el cincuenta y siete por ciento de las embarazadas que vive con el VIH en países de ingresos bajos y medios recibieron regímenes farmacológicos eficaces para prevenir la transmisión del VIH de madre a hijo. La mitad de las reducciones en nuevas infecciones en los últimos dos años fueron entre los recién nacidos.

El África subsahariana ha reducido en un tercio las muertes relacionadas con el sida en los últimos seis años y más personas están recibiendo tratamiento, incluyendo el cincuenta y nueve por ciento de las embarazadas que viven con el VIH.

Más de ocho millones de personas están tomando medicamentos antirretrovirales. El acceso ha mejorado, ya que el costo se ha reducido de forma drástica desde diez mil dólares por persona en el año 2000, a menos de cien dólares por persona gracias al régimen menos caro recomendado por la OMS. Sin embargo, siete millones de personas que necesitan medicamentos aún carecen de acceso a los mismos.

Ochenta y un países aumentaron sus inversiones nacionales para la investigación y el tratamiento del sida en más del cincuenta por ciento entre 2006 y 2011. En 2015, la necesidad anual estimada será de veintidós mil a veinticuatro mil millones de dólares.

SOS

PASOS A SEGUIR

❑ El «Día Mundial del Sida», el 1 de diciembre de cada año, es una oportunidad para unirte a la lucha contra esta devastadora enfermedad. Ayuda a otros a entender el problema logrando que estén disponibles folletos y libros, o pidiéndole a una persona VIH positiva que le hable a tu grupo. Haz una recaudación de fondos para un proyecto de huérfanos del sida o de otra agencia que ayude a personas afectadas por el sida.

Nota
1. Fuentes más utilizadas: Hoja informativa con datos estadísticos mundiales de la ONUSIDA, así como la *Kaiser Family Foundation*

APÉNDICE 1

PROVERBIOS SEGÚN EL SEXO

Los dichos y las oraciones tradicionales son parte de la estructura de nuestras culturas. A pesar de que algunos de los que aparecen a continuación ya no están en uso corriente, todavía reflejan actitudes hacia las mujeres que están arraigadas en lo más profundo.

«Una buena esposa debe ser tan obediente como un esclavo... La mujer es mujer en virtud de cierta falta de cualidades, un defecto natural».

ARISTÓTELES

«El lugar de una mujer está en la casa o en la tumba».

PROVERBIO PASTÚN, AFGANISTÁN

«Un hombre ama primero a su hijo, luego a su camello y después a su esposa».
«El cielo de una mujer se encuentra bajo los pies de su esposo».

PROVERBIOS ÁRABES

«Los hombres son superiores a las mujeres debido a las cualidades con las que Dios los ha dotado a los unos por encima de las otras, y a cuenta del gasto de su dinero por ellas».

EL CORÁN 4:34

«Si una esposa muere, es como un golpe en el tobillo. Si un esposo muere, es como un golpe en la cabeza».

PROVERBIO PUNYABÍ

«El nacimiento de una niña, que se conceda en cualquier otra parte; aquí, que nos concedan un niño».

ANTIGUO ATHARVA-VEDA DE LA INDIA

«Señor, te doy gracias porque no nací mujer».

PARTE DE LA ORACIÓN MATUTINA DEL JUDÍO ORTODOXO

«Cuando un asno suba una escalera, quizá encontremos sabiduría en una mujer».
«Una mujer, un perro y un nogal: mientras más los golpeas, mejores serán».

PROVERBIOS YORUBAS (NIGERIA)

«Una mujer y un inválido son la misma cosa».

PROVERBIO KIKUYU (KENIA)

«Nació mujer porque cometió mil pecados en el mundo anterior».

DICHO BUDISTA

«Las mujeres son humanas, pero inferiores a los hombres».
«La ley de la naturaleza es la que dicta que a las mujeres no se les permita tener ninguna clase de voluntad propia».

CONFUCIO, CHINA

«Hay tres actos indignos de un hijo: el mayor es el fracaso en tener hijos varones».

MENCIO, DISCÍPULO DEL CONFUCIANISMO

«Si tienes un hijo, puedes decir que tienes un descendiente. En cambio, no puedes decir lo mismo, incluso si tienes diez hijas».

VIETNAM

«Los hombres son como el oro; las mujeres son como la tela blanca».

CAMBOYA

«Las mujeres tienen el cabello largo y la mente corta».

SUECIA

«No existe la mujer sabia».

JAPÓN

«Un hombre sin cerebro y una mujer sin un hombre jamás se pueden valer por sí mismos».

ESTONIA

«Un granero, una cerca y una mujer siempre necesitan remiendos».

ESTADOS UNIDOS

«Para mantener a tu esposa encarrilada, golpéala; y si se descarrila, golpéala».

PUERTO RICO Y ESPAÑA

«Pégale a tu esposa con regularidad... aunque no sepas por qué, ella sí lo sabrá».

ZAMBIA

«El afecto comienza en la punta de una vara».

COREA

«Las mujeres, como los perros: cuanto más se golpean, más te quieren».

ARGENTINA

«Los clavos de un carro y la cabeza de una mujer: solo funcionan cuando se golpean duro».

RAJASTÁN, INDIA

«Ama bien, azota bien».

INGLATERRA

APÉNDICE 2

PÁGINAS ÚTILES EN LA WEB

Cada uno de nosotros puede ayudar a que cambien las cosas para las niñas y las mujeres atrapadas en las tragedias descritas en este libro. Los sitios de internet que figuran a continuación son solo una selección representativa de organizaciones y campañas que pueden ayudarte a obtener más información y a que puedas optar por apoyar.

Asesinatos de honor

Facebook: International Campaign Against Honour Killings	
Gendercide Watch	www.gendercide.org
Stop Honour Killings	http://forcechange.com/2870/stop-honor-killing-of-innocent-women-and-girls-around-the-world/

Discapacitados: General (consulta también «Violencia en mujeres discapacitadas»)

Ecumenical Disability Advocates Network	www.edan-wcc.org/
Joni and Friends	www.joniandfriends.org
Through the Roof	www.throughtheroof.org/

Cuestiones de salud: General

Global Alliance for Women's Health	www.gawh.org/home.php5

Educación

Children in Crisis	www.childrenincrisis.org/
Day of the Girl	http://dayofthegirl.org
Global Campaign for Education	http://campaignforeducation.org
Plan Internacional	http://www.porserninas.org/
Save the Children	http://www.savethechildren.es/
10 X 10 Campaign	http://10x10act.org/
UN Special Envoy for Global Education	educationenvoy.org
United Nations Girls Education Initiative	http://www.ungei.org/
World Vision	http://www.worldvision.org/our-work/education

Esclavos religiosos

Anti-Slavery International	http://anti-slaverysociety.addr.com/slaverysasia.htm
EveryChild	http://www.everychild.org.uk/devadasi
Every Child Ministries (África)	http://www.ecmafrica.org/36223.ihtml
International Needs	http://www.ineeds.org.uk/
Servants of the Goddess	www.servantsofthegoddess.com

Fístula: Consulta «Parto»
Infanticidio femenino

La Campaña de las 50 Millones de Desaparecidas (India)	http://genderbytes.wordpress.com/petition/la-campana-de-las-50-millones-de-desaparecidas-la-lucha-contra-el-genocidio-femenino-en-india/

Gendercide Watch	http://www.gendercide.org/
Society for the Protection of Unborn Children (China)	www.spuc.co.uk
Women's Rights Without Frontiers (China)	http://www.womensrightswithoutfrontiers.org/

Matrimonios de niños

Girls Not Brides	http://girlsnotbrides.org/
Help the Child Brides (USA)	www.helpthechildbrides.com
Plan-UK Petición contra el matrimonio precoz y forzoso:	http://www.plan-uk.org/what-we-do/campaigns/because-i-am-a-girl/get-involved/take-the-vow/

Mujeres musulmanas

Sawera (Pakistán)	http://www.asafeworldforwomen.org/
Women Against Shariah	http://www.womenagainstshariah.com/
Women Living Under Muslim Laws	www.wluml.org/
Young Women for Change (Afganistán)	http://www.youngwomenforchange.org/

Mutilación genital femenina (MGF)

Amnesty International	www.amnesty.org/
Desert Flower Foundation	www.desertflowerfoundation.org/en/
END FGM European Campaign	http://www.endfgm.eu/en/
Equality Now	http://www.equalitynow.org/
STOP-FGM-NOW.COM	www.stop-fgm-now.com/

Nota: Los grupos de Facebook y Twitter también tienen páginas dedicadas a este problema, tales como STOP FGM.

Niños de las calles

Action for Street Kids (ASK)	http://action4streetkids.org.uk/
Action International	www.actioninternational.org/
Child Hope	www.Childhope.org.uk
Every Child Ministries (África)	http://www.ecmafrica.org/
International Day for Street Children	www.streetchildrenday.org/
International Street Kids	www.internationalstreetkids.com
Railway Children (UK)	www.railwaychildren.org.uk
Street Kids for Christ (Filipinas)	www.streetkids.net/
Teen Challenge	Globaltc.org
Toybox (América Latina)	www.toybox.org.uk
Viva Network for Children at Risk	http://www.viva.org
War Child	Warchild.org.uk

Niños soldados

Amnesty International	http://web.amnesty.org/pages/childsoldiers-index-eng
Child Soldiers International	www.child-soldiers.org
Child Victims of War	childvictimsofwar.org.uk
Save the Children	http://www.savethechildren.org/
War Child International	www.warchild.org
Campaña: «Zero under 18» (o «Nadie menor de 18»)	http://childrenandarmedconflict.un.org/es/nuestro-trabajo/nadie-menor-de-18/

Parto

Ethiopiaid	www.ethiopiaid.org.uk
Every Mother Counts	www.everymothercounts.org/
The Fistula Foundation	www.fistulafoundation.org/
Freedom from Fistula Foundation	www.freedomfromfistula.com

UN Population Fund	www.unfpa.org/public/mothers
Women Deliver	www.womendeliver.org/
Worldwide Fistula Fund	http://worldwidefistulafund.org

Pobreza

Dalit Freedom Network (India)	www.dalitnetwork.org/
Food for the Hungry	www.fh.org/
Food for the Poor	www.foodforthepoor.org/
Freedom from Hunger	www.freedomfromhunger.org/
Homeless International	www.homeless-international.org/
The Hunger Site	www.thehungersite.com
Urban Neighbours of Hope	http://www.unoh.org/

Refugiados

Refugee Highway Partnership	http://www.refugeehighway.net/
UN Refugee Agency	www.unhcr.org
Refugees International	www.refintl.org
Women's Refugee Commission	www.womenscommission.org/
Worldwide Refugee Information	www.refugees.org

Sida

The Global Coalition on Women and AIDS	http://www.womenandaids.net
World AIDS Day	http://www.worldaidsday.org/

Sordos

Deaf Ministries International	www.deafmin.org/
Deaf Missions	www.deafmissions.com
Deaf Peoples	http://deafpeoples.imb.org/
Deaf World Ministries	www.deafworldministries.com/
D.O.O.R. International (Deaf Opportunity Out Reach	www.doorinternational.com
Silent Blessings	www.silentblessings.org/
World Federation for the Deaf	www.wfdeaf.org/

Trabajo infantil

Anti-slavery Society	http://anti-slaverysociety.addr.com/slaverysasia.htm
Dalit Freedom Network (India)	http://www.dalitnetwork.org/
Do Something.org	http://www.dosomething.org/tipsandtools/background-sweatshops
Child Labor Coalition	http://www.stopchildlabor.org/
Childs Rights and You (CRY—India)	www.cry.org
Fair Wear Campaign (Australia)	http://www.fairwear.org.au/
Free to Work, a project of "Not for Sale"	www.free2work.org
Global March Against Child Labour	http://www.globalmarch.org/issues/Child-Labour
International Labour Organization	www.ilo.org
No Child Labour (Canadá)	http://nochildlabour.org
The Young Center for Immigrant Children's Rights (USA)	www.theyoungcenter.org/

Trata de mujeres y niñas

Coalition Against Trafficking in Women	www.catwinternational.org/
ECPAT (End Child Prostitution, Pornography & Trafficking of Children for Sexual Purposes)	www.ecpat.net/

Free for Life International	www.freeforlifeintl.org/
Global Alliance Against Traffic in Women	www.gaatw.org/
Human Trafficking.org	www.humantrafficking.org/
Manna Freedom	www.mannafreedom.com
Not for Sale /	www.notforsalecampaign.org
Stop the Traffik	www.stopthetraffik.org/
Transnational Action Against Child Trafficking (TACT)	http://tdh-childprotection.org

Violación como un arma de guerra: Consulta «Mujeres en zona de guerra»

Violencia doméstica

Iranian & Kurdish Women's Rights Organisation (UK)	http://ikwro.org.uk
Say No—Unite to End Violence	http://saynotoviolence.org/
Stop Violence Against Women	http://www.stopvaw.org/Domestic_Violence2

Nota: Ten presente que las guías telefónicas locales, así como las búsquedas en internet, pueden proporcionar líneas de ayuda y servicios sobre la violencia doméstica que en muchos países y ciudades están disponibles las veinticuatro horas del día.

Viudas

Appeal for Widows	http://appealforwidows.org/
Helping Orphans and Widows (H.O.W.)	http://acthow.org/
Afghan Renascent Youth Association (ARYA)	www.aryahelps.org/
Widows Care Worldwide	www.widowscareworldwide.org/
Widows' Rights International	www.widowsrights.org/

Otros sitios recomendados sobre derechos humanos de mujeres y niñas

A Safe World for Women	www.asafeworldforwomen.org
Girl Effect	www.girleffect.org
Human Rights Watch	www.hrw.org
Humanium	www.humanium.org
United Nations	www.un.org/womenwatch/; http://www.unwomen.org/
ONU Mujeres	http://www.unwomen.org/es

APÉNDICE 3

LIBROS SUGERIDOS

Alí, Noyud, *Me llamo Noyud, tengo 10 años y estoy divorciada*, Ediciones Martínez Roca, Barcelona, España, 2009.

Batstone, David, *Not For Sale: The Return of the Global Slave Trade*, revisado y actualizado, HarperOne, 2010.

Belles, Nita, *In Our Backyard: A Christian Perspective on Human Trafficking in the United States*, Xulon Press, 2011.

Brooks, Geraldine, *Nine Parts of Desire; The Hidden World of Islamic Women*, Hamish Hamilton, Londres, 1995.

Chang, Leslie T., *Chicas de fábricas: De la aldea a la ciudad en la China contemporánea*, RBA Libros, 2012.

Dirie, Waris, *Flor del desierto*, Ediciones Maeva, 2009.

Haugen, Gary, *Buenas Noticias acerca de la Injusticia*, Ediciones Kairós, 2002.

Haugen, Gary, *Terrify No More*, Thomas Nelson, 2005.

Henry, Sharon, *Radhika's Story: Surviving Human Trafficking*, Nueva Holanda, 2010.

Hosseini, Khaled, *Mil soles espléndidos*, Ediciones Salamandra, Barcelona, España, 2007.

Jewell, Dawn Herzog, *Escaping the Devil's Bedroom*, Kregel, 2008.

Kara, Siddarth, *Bonded Labor: Tackling the System of Slavery in South Asia*, Columbia University Press, 2012.

Kristof, Nicholas D. y Sheryl WuDunn, *La mitad del cielo: Mujeres que han convertido la opresión en oportunidad*, Duomo Ediciones, 2011.

Lloyd, Rachel, *Girls Like Us: Fighting for a World Where Girls Are Not for Sale, an Activist Finds Her Calling and Heals Herself*, Harper Perennial, 2011.

Love, Fran y J. Eckheart, editores, *Ministry to Muslim Women: Longing to Call Them Sisters*, William Carey Library, 2000.

Muhsen, Zana y A. Crofts, *Vendidas*, Seix Barral, 2007.

Nazer, Mende y Damient Lewis, *Esclava: Una historia real (en primera persona)*, Ediciones Temas De Hoy, 2002.

Parshall, Phil y Julie, *Lifting the Veil; The World of Muslim Women*, Georgia, EE. UU., Gabriel Publishing, 2002.

Roper, Matt, *Street Girls: Hope on the Streets of Brazil*, Paternoster Lifestyle, Reino Unido, 2001.

See, Lisa, *El abanico de seda,* Ediciones Salamandra, Barcelona, España, 2006.

Shakib, Siba, *Afghanistan, Where God Only Comes to Weep*, Century, Londres, 2002.

Shannon, Lisa, *A Thousand Sisters: My Journey into the Worst Place on Earth to Be a Woman*, Seal Press, 2010.

Shelley, Louise, *Human Trafficking: A Global Perspective*, Virginia, George Mason University, 2010.

Westwater, Julie, *Street Kid: One Child's Desperate Fight for Survival*, Harper Element, 2006.

Worden, Minky, *The Unfinished Revolution: Voices from the Global Fight for Women's Rights*, The Policy Press, 2012.

APÉNDICE 4

SIETE MANERAS DE AGUZAR TU VISIÓN DEL MUNDO

1. Pídele a Dios que te quite cualquier «punto ciego» que quizá hayas desarrollado. Ora pidiéndole que abra los ojos de tu corazón, a fin de que puedas ver el mundo como lo ve Él.

2. Adquiere una mayor conciencia. Créate el hábito de anotar las noticias mundiales del periódico, de la radio o de la televisión y úsalas como un trampolín para la oración intercesora.

3. Practica la visión de Hechos 20:20: Ve «de casa en casa» (LBLA). Desarrolla el hábito de orar mientras caminas (o corres) mientras pasas por las casas. Cultiva una amistad con un vecino, tal vez con alguno de un país diferente. Es probable que te sorprendas ante el afecto con el que te reciben si te acercas a los demás como un aprendiz, interesado de verdad en comprender su cultura.

4. Ensancha tu mente y corazón. Alcanza horizontes desconocidos a través de artículos, libros y documentales de televisión. Usa guías de oración como *Operación Mundo*. Ten como objetivo recordar algo nuevo cada vez.

5. Interésate de manera activa en el trabajo misionero que apoya tu iglesia. Conoce a los misioneros mediante la lectura de sus informes y la oración por ellos. Si tienes la oportunidad, invítalos a tu casa.

6. Invierte algún dinero que te haya costado ganar en un proyecto internacional. ¡Una manera segura de concentrar tu interés!

7. Considera la posibilidad de participar en un proyecto misionero durante una de tus vacaciones. Las agencias misioneras ofrecen una amplia variedad de fascinantes oportunidades a lo largo de todo el año. ¡Regresarás a casa con mucho más que un bronceado!

NOTAS